Café Français
2

Cahier d'exercices

Editions ASAHI

Leçon 0

I. Dictée ♪2-01

音声を聞き、（　）に１語を入れて文を完成させましょう。**Écoutez et complétez.**

a. Comment ( ) (') ? – Je (') Mari.
b. Qu'est-ce que tu ( ) faire ? – J'aime ( ) des ( ) sur mon blog.
c. Elle est ( ) en troisième ( ).

II. Compréhension écrite

以下の文章を読み、二人の人物データを作成しましょう。**Lisez les textes ci-dessous et notez les informations.**

Mari

Bonjour ! Je m'appelle Mari. Je suis japonaise et j'habite à Yokohama. J'ai 22 ans et je suis en 3e année de littérature française dans une université à Tokyo. L'année dernière, je suis allée à Paris à la Sorbonne pour étudier le français. Je suis restée là-bas un an et c'est là que j'ai rencontré Denis. Pendant mon temps libre, j'aime écrire des articles sur mon blog.

Nom : *Ueno* Prénom : *Mari* Âge : ....
Adresse : .... Études : ....
Nationalité : .... Loisirs : ....

Denis

Bonjour ! Moi, c'est Denis. Je suis français. J'ai 23 ans et je suis étudiant. J'ai fini mon master en biologie à Paris. Cette année, je vais à Bordeaux pour étudier l'œnologie. L'année dernière, j'ai rencontré Mari à une soirée à Paris. Je pense souvent à elle. Pendant mon temps libre, j'aime faire du foot.

Prénom : *Denis* Âge : ....
Adresse : .... Études : ....
Nationalité : .... Loisirs : ....

III. Conjugaison des verbes au présent

以下のリストから文意に合う動詞を選び、直説法現在の活用形を記入しましょう。**Complétez le texte en conjuguant au présent les verbes suivants : habiter, avoir, être, aimer, adorer, parler, travailler, connaître.**

1. *Salut ! Je me présente : moi, c'est Alice. Je .... française. Je suis la cousine de Mari. J'............ à Bordeaux. J'....... 25 ans et j'ai fait un master en sciences politiques à l'université de Bordeaux. Et maintenant, je .... dans une entreprise. Je suis partie un an au Japon à l'université de Yokohama. C'était génial ! Maintenant, je .... un peu japonais. Pendant mon temps libre, j'............ écouter de la musique.*

2. *Salut ! Moi, c'est Thomas. J'........... 25 ans et je .... ingénieur en informatique. J'........... à Bordeaux. Je .... Alice depuis deux ans. Pendant mes études, j'ai passé six mois en Espagne et un an aux États-Unis en échange universitaire. Maintenant, je .... couramment anglais et espagnol. Pendant mon temps libre, j'............ aller au cinéma et j'................. jouer aux jeux vidéo.*

Leçon 1

I. Dictée ♪2-02

音声を聞き、（ ）に1語を入れて文を完成させましょう。**Écoutez et complétez.**

a. (’)-( ) ( ) tu fais ici ? – Je ( ) en vacances.
b. Quand j’( ) petit, je ( ) du football et je ( ) des mangas.
c. Je ( ) en ( ) tous les ( ) à la mer.

II. Compréhension du dialogue

テキスト p. 8 の会話をもう一度確認し、1.~4.の記述が会話の内容に合致していれば VRAI に、間違っていれば FAUX にチェックを入れましょう。**Relisez ou réécoutez le dialogue / Regardez la vidéo et dites si ces phrases sont vraies ou fausses.**

1. Mari vit à Paris.	VRAI ❒	FAUX ❒
2. Denis est assis à la terrasse d’un café.	VRAI ❒	FAUX ❒
3. Mari rencontre Denis par hasard. (偶然に)	VRAI ❒	FAUX ❒
4. Mari et Denis connaissent bien ce café.	VRAI ❒	FAUX ❒

III. Questions - réponses

上の<II.>から2つの文を選んで質問文に改め、それに対する答えの文を書きましょう。**Transformez deux des phrases de l’exercice précédent (II) en phrases interrogatives et répondez-y.**

Exemple : *Est-ce que Mari vit à Paris ? – Oui, elle vit à Paris. / – Non, elle vit au Japon.*

1. .... ?
 ....
2. .... ?
 ....

IV. Compréhension écrite (blog de Mari)

以下の Mari のブログを読み、1.~4.の記述が正しければ VRAI に、間違っていれば FAUX にチェックを入れ、さらにその理由を述べましょう。**Lisez le blog de Mari ci-dessous, répondez aux questions suivantes et justifiez.**

> *Paris, le 25 août*
>
> *Je suis arrivée à Paris aujourd’hui. Que de souvenirs ! Quand j’habitais à Paris, j’aimais bien me promener dans les rues de la ville pendant des heures. Je suis contente parce que j’ai retrouvé mes endroits préférés, et je suis vraiment heureuse d’être de retour en France !*

1. Mari est arrivée à Paris hier. VRAI ❒ FAUX ❒
Justifiez : ....
2. Quand elle habitait à Paris, elle aimait bien faire des courses. VRAI ❒ FAUX ❒
Justifiez : ....
3. Elle est contente d’avoir retrouvé ses endroits préférés. VRAI ❒ FAUX ❒
Justifiez : ....
4. Elle est heureuse de retourner au Japon. VRAI ❒ FAUX ❒
Justifiez : ....

Leçon 2

I. Dictée ♪2-03

音声を聞き、（ ）に１語を入れて文を完成させましょう。**Écoutez et complétez.**

a. (')-( ) ( ) vous étudiez ? – J'étudie la ( ). Je suis en ( ) année.
b. J'ai ( ) mes ( ) à l'université et je ( ) de ( ) mon master en économie.
c. J'écoute de la musique tout ( ) ( ) mes mails.

II. Compréhension du dialogue

テキスト p. 12 の会話をもう一度確認し、1.~4.の記述が会話の内容に合致していれば VRAI に、間違っていれば FAUX にチェックを入れましょう。**Écoutez le dialogue / Regardez la vidéo et dites si ces phrases sont vraies ou fausses.**

1. Mari est en 3e année de littérature. VRAI ❒ FAUX ❒
2. Mari n'a jamais travaillé. VRAI ❒ FAUX ❒
3. Denis n'a pas fini son master. VRAI ❒ FAUX ❒
4. Denis va étudier l'œnologie à Bordeaux. VRAI ❒ FAUX ❒

III. Questions - réponses

上の<II.>から２つの文を選んで質問文に改め、それに対する答えの文を書きましょう。**Transformez deux des phrases de l'exercice précédent (II) en phrases interrogatives et répondez-y.**

Exemple : *Est-ce que Mari est en 3e année de littérature ? – Oui, elle est en 3e année de littérature. / – Non, elle n'est pas en 3e année de littérature.*

1. .... ?
   ....
2. .... ?
   ....

IV. Compréhension écrite (blog de Mari)

以下の Mari のブログを読み、1.~4.の記述が正しければ VRAI に、間違っていれば FAUX にチェックを入れ、さらにその理由を述べましょう。**Lisez le blog de Mari ci-dessous, répondez aux questions suivantes et justifiez.**

Paris, le 25 août

J'ai atterri à l'aéroport Roissy - Charles-de-Gaulle ce matin à 8 heures 30. J'ai pris le RER jusqu'à la station Saint-Michel. J'ai déposé mes bagages à l'hôtel et je suis sortie pour me promener dans les rues de Paris. Soudain, j'ai croisé Denis à la terrasse d'un café. C'était notre café préféré quand j'habitais à Paris !

1. Mari a atterri en France cet après-midi. VRAI ❒ FAUX ❒
Justifiez : ....
2. Elle a déposé ses bagages à l'hôtel avant de sortir. VRAI ❒ FAUX ❒
Justifiez : ....
3. Puis, elle est sortie faire des courses. VRAI ❒ FAUX ❒
Justifiez : ....
4. Elle a rencontré Denis par hasard. VRAI ❒ FAUX ❒
Justifiez : ....

Leçon 3

I. Dictée ♪2-04

音声を聞き、（ ）に１語を入れて文を完成させましょう。**Écoutez et complétez.**

a. C'est une ( ) qui est très ( ) parce qu'elle ( ) d'acheter son ( ) depuis son smartphone.

b. L'année ( ), je ( ) seule et j'( ) des articles sur mon blog.

c. Il y a un TGV demain à ( ) h ( ) qui ( ) à Paris à ( ) h ( ).

II. Compréhension du dialogue

テキスト p. 16 の会話をもう一度確認し、1.~4.の記述が会話の内容に合致していれば VRAI に、間違っていれば FAUX にチェックを入れましょう。**Écoutez le dialogue / Regardez la vidéo et dites si ces phrases sont vraies ou fausses.**

1. Mari connaît bien l'appli OUI.sncf. VRAI ❒ FAUX ❒
2. Denis n'a pas encore installé l'appli sur son portable. VRAI ❒ FAUX ❒
3. L'appli OUI.sncf permet d'acheter des billets de train. VRAI ❒ FAUX ❒
4. Mari trouve que l'appli est pratique. VRAI ❒ FAUX ❒

III. Questions - réponses

上の<II.>から２つの文を選んで質問文に改め、それに対する答えの文を書きましょう。**Transformez deux des phrases de l'exercice précédent (II) en phrases interrogatives et répondez-y.**

Exemple : *Est-ce que Mari connaît l'appli OUI.sncf ? – Oui, elle la connaît. / – Non, elle ne la connaît pas.*

1. .... ?
   ....
2. .... ?
   ....

IV. Compréhension écrite (blog de Mari)

以下の Mari のブログを読み、1.~4.の記述が正しければ VRAI に、間違っていれば FAUX にチェックを入れ、さらにその理由を述べましょう。**Lisez le blog de Mari ci-dessous, répondez aux questions suivantes et justifiez.**

> *Paris, le 25 août [suite]*
>
> *Cet après-midi, j'ai réservé mon billet de train à destination de Bordeaux.*
> *Je prends le train de 10 heures 40 et j'arrive à 12 heures 40.*
> *Denis prend le même train. Il part demain pour Bordeaux lui aussi ! Quelle coïncidence !*
> *Ce voyage en France est fantastique !*

1. Mari a réservé son billet de train pour Paris. VRAI ❒ FAUX ❒
   Justifiez : ....
2. Mari prendra un train qui arrivera à Bordeaux à 12 heures 40. VRAI ❒ FAUX ❒
   Justifiez : ....
3. Elle partira de Paris à 11 heures 40. VRAI ❒ FAUX ❒
   Justifiez : ....
4. Elle ira à Bordeaux sans Denis. VRAI ❒ FAUX ❒
   Justifiez : ....

Leçon 4

I. Dictée ♪2-05

音声を聞き、（ ）に１語を入れて文を完成させましょう。**Écoutez et complétez.**

a. J'ai une ( ) ( ) le père est ( ).

b. C'est en ( ) ou en ( ). C'est de forme ( ). Ça ( ) à ( ) des choses.

c. Une ( ) est un endroit ( ) on peut acheter des ( ).

II. Compréhension du dialogue

テキスト p. 20 の会話をもう一度確認し、1.~4.の記述が会話の内容に合致していれば VRAI に、間違っていれば FAUX にチェックを入れましょう。**Écoutez le dialogue / Regardez la vidéo et dites si ces phrases sont vraies ou fausses.**

1. Mari et Denis sont à la gare du Nord. VRAI ❐ FAUX ❐
2. Le train pour Bordeaux part de la voie 3. VRAI ❐ FAUX ❐
3. Denis montre à Mari comment utiliser l'appli. VRAI ❐ FAUX ❐
4. Il faut montrer le Flashcode de son e-billet à la gare. VRAI ❐ FAUX ❐

III. Questions - réponses

上の<II.>から２つの文を選んで質問文に改め、それに対する答えの文を書きましょう。**Transformez deux des phrases de l'exercice précédent (II) en phrases interrogatives et répondez-y.**

Exemple : *Où sont Mari et Denis ? – Ils sont à la gare de ...*

1. .... ?
   ....
2. .... ?
   ....

IV. Compréhension écrite (blog de Mari)

以下の Mari のブログを読み、1.~4.の記述が正しければ VRAI に、間違っていれば FAUX にチェックを入れ、さらにその理由を述べましょう。**Lisez le blog de Mari ci-dessous, répondez aux questions suivantes et justifiez.**

Paris, le 27 août [le matin]

Je suis dans le TGV pour Bordeaux !
Denis a réservé les billets de train en quelques clics.
Il m'a montré comment utiliser l'application OUI.sncf pour réserver un billet de train. C'est vraiment simple et pratique.
J'ai hâte de découvrir la ville où je vais passer mes vacances !

1. Mari a pris le TGV pour Bordeaux. VRAI ❐ FAUX ❐
   Justifiez : ....
2. Denis a réservé les billets de train, mais c'était difficile. VRAI ❐ FAUX ❐
   Justifiez : ....
3. Denis a montré à Mari une appli qui sert à réserver des billets. VRAI ❐ FAUX ❐
   Justifiez : ....
4. Mari voudrait vite découvrir Bordeaux. VRAI ❐ FAUX ❐
   Justifiez : ....

Leçon 5

I. Dictée ♪2-06

音声を聞き、（ ）に１語を入れて文を完成させましょう。**Écoutez et complétez.**

a. Vous ( ) m'indiquer où est la ( ), (') ( ) ( ) ?

– Vous allez ( ) ( ), c'est la première rue à gauche.

b. Pardon Madame, je ( ) l'hôpital.

– Prenez la ( ) rue ( ) ( ) et ( ) jusqu'à la place Saint-Jean.

c. Ne vous ( ) pas ! Je vais me ( ) toute ( ).

II. Compréhension du dialogue

テキスト p. 24 の会話をもう一度確認し、1.~4.の記述が会話の内容に合致していれば VRAI に、間違っていれば FAUX にチェックを入れましょう。**Écoutez le dialogue / Regardez la vidéo et dites si ces phrases sont vraies ou fausses.**

1. Denis connaît bien la gare de Bordeaux. VRAI ❐ FAUX ❐
2. Alice doit venir chercher Mari à l'arrêt minute. VRAI ❐ FAUX ❐
3. Denis accompagne Mari à l'arrêt minute. VRAI ❐ FAUX ❐
4. Denis va habiter seul dans un appartement à Bordeaux. VRAI ❐ FAUX ❐

III. Questions - réponses

上の<II.>から２つの文を選んで質問文に改め、それに対する答えの文を書きましょう。**Transformez deux des phrases de l'exercice précédent (II) en phrases interrogatives et répondez-y.**

Exemple : *Est-ce que Denis connaît bien la gare de Bordeaux ? – Oui, il la connaît bien. / – Non, il ne la connaît pas bien.*

1. .... ?
....
2. .... ?
....

IV. Compréhension écrite (blog de Mari)

以下の Mari のブログを読み、1.~4.の記述が正しければ VRAI に、間違っていれば FAUX にチェックを入れ、さらにその理由を述べましょう。**Lisez le blog de Mari ci-dessous, répondez aux questions suivantes et justifiez.**

> *Bordeaux, le 27 août [l'après-midi]*
>
> ***Me voilà enfin à Bordeaux !***
> ***Cette ville est charmante et la gare de Bordeaux magnifique !***
> ***Ma cousine Alice est venue me chercher à l'arrêt minute de la gare. J'ai quitté Denis là-bas. Il est parti dans le centre-ville où il a loué un appartement. Il est en colocation.***
> ***Il me tarde de le revoir !***

1. Mari est arrivée à Bordeaux le matin. VRAI ❐ FAUX ❐

Justifiez : ....

2. Alice est venue la chercher à l'aéroport. VRAI ❐ FAUX ❐

Justifiez : ....

3. Denis et Mari se sont quittés à la gare. （別れる） VRAI ❐ FAUX ❐

Justifiez : ....

4. Il tarde à Mari de revoir Denis. VRAI ❐ FAUX ❐

Justifiez : ....

Leçon 6

I. Dictée ♪2-07

音声を聞き、（ ）に1語を入れて文を完成させましょう。**Écoutez et complétez.**

a. Dans ( ) ( ), ( ) ( ) ( ) un ( ), deux ( ) et une ( ) ( ) ( ).

b. ( )( ) est-ce que tu ( ) en ( ) ? – Je suis en France depuis deux ( ).

c. Tu as ( ) ordinateur depuis ( ) ?

– Non, je ( )'ai ( ) il y a une ( ).

II. Compréhension du dialogue

テキスト p. 28 の会話をもう一度確認し、1.~4.の記述が会話の内容に合致していれば VRAI に、間違っていれば FAUX にチェックを入れましょう。**Écoutez le dialogue / Regardez la vidéo et dites si ces phrases sont vraies ou fausses.**

1. Mari, Alice et Thomas sont dans l'appartement de Denis. VRAI ❐ FAUX ❐
2. Alice vit seule. VRAI ❐ FAUX ❐
3. Thomas ne connaissait pas Mari. VRAI ❐ FAUX ❐
4. Mari n'a pas vu sa cousine depuis longtemps. VRAI ❐ FAUX ❐

III. Questions - réponses

上の<II.>から2つの文を選んで質問文に改め、それに対する答えの文を書きましょう。**Transformez deux des phrases de l'exercice précédent (II) en phrases interrogatives et répondez-y.**

Exemple : *Est-ce que Mari, Alice et Thomas sont dans l'appartement de Denis ? – Oui, ils sont dans son appartement. / Non, ils n'y sont pas.*

1. .... ?
....
2. .... ?
....

IV. Compréhension écrite (blog de Mari)

以下の Mari のブログを読み、1.~4.の記述が正しければ VRAI に、間違っていれば FAUX にチェックを入れ、さらにその理由を述べましょう。**Lisez le blog de Mari ci-dessous, répondez aux questions suivantes et justifiez.**

Bordeaux, le 27 août [suite]

Je vais séjourner chez ma cousine Alice pendant les vacances. Elle m'a présenté son copain Thomas. Il est cool. Ils habitent dans un appartement vraiment super. Je suis contente de retrouver ma cousine. La dernière fois qu'on s'était vues, c'était au Japon, il y a deux ans.
Je vais passer de bonnes vacances ici ! J'en suis sûre !

1. Mari va séjourner à l'hôtel pendant ses vacances. VRAI ❐ FAUX ❐
Justifiez : ....
2. Thomas est le petit ami de Mari. VRAI ❐ FAUX ❐
Justifiez : ....
3. Thomas habite dans un super appartement. VRAI ❐ FAUX ❐
Justifiez : ....
4. Mari pense que ses vacances seront agréables. VRAI ❐ FAUX ❐
Justifiez : ....

Leçon 7

I. Dictée ♪2-08

音声を聞き、（　）に１語を入れて文を完成させましょう。**Écoutez et complétez.**

a. Je (　　　　　) avoir des (　　　　　), s'il vous plaît ? – Vous (　) voulez (　　　　　) ?
– Un (　　　　).

b. (　　　　　　)-(　　　　) une (　　　　　　) d'huile d'olive, un (　　　　　) de gâteaux et un (　　　　) de confiture, s'il vous plaît.

c. Les (　　　　　) sont plus (　　　　) au (　　　　　) qu'en France.

II. Compréhension des dialogues

テキスト p. 32 の会話をもう一度確認し、1.~4.の記述が会話の内容に合致していれば VRAI に、間違っていれば FAUX にチェックを入れましょう。**Écoutez les dialogues / Regardez la vidéo et dites si ces phrases sont vraies ou fausses.**

1. Mari et Denis sont au supermarché. VRAI ❐ FAUX ❐
2. Il y a beaucoup de marchés bio au Japon. VRAI ❐ FAUX ❐
3. Les produits des marchés sont toujours de bonne qualité. VRAI ❐ FAUX ❐
4. Une cliente achète du fromage chez le fromager. VRAI ❐ FAUX ❐

III. Questions - réponses

上の<II.>から２つの文を選んで質問文に改め、それに対する答えの文を書きましょう。**Transformez deux des phrases de l'exercice précédent (II) en phrases interrogatives et répondez-y.**

Exemple : *Où sont Mari et Denis ? – Ils sont au supermarché. / – Ils sont au marché bio.*

1. .... ?
....
2. .... ?
....

IV. Compréhension écrite (blog de Mari)

以下の Mari のブログを読み、1.~4.の記述が正しければ VRAI に、間違っていれば FAUX にチェックを入れ、さらにその理由を述べましょう。**Lisez le blog de Mari ci-dessous, répondez aux questions suivantes et justifiez.**

> *Bordeaux, le 28 août*
>
> *Ce matin, je suis allée au marché bio avec Alice. C'était très intéressant. Il y avait vraiment beaucoup de choix ! Des légumes, des fruits, et même des vêtements.*
> *J'ai pu découvrir et goûter des produits de très bonne qualité et, le fromage étant mon péché mignon (チーズに目がない), je n'ai pas pu résister : j'ai acheté du brie, du camembert, du chèvre et même du roquefort ! Quel délice !*

1. Mari est allée au marché bio avec Alice cet après-midi. VRAI ❐ FAUX ❐
Justifiez : ....
2. Elle y a découvert des produits de mauvaise qualité. VRAI ❐ FAUX ❐
Justifiez : ....
3. Elle pense qu'il y a beaucoup de choix au marché. VRAI ❐ FAUX ❐
Justifiez : ....
4. Elle adore le fromage. VRAI ❐ FAUX ❐
Justifiez : ....

Leçon 8

I. Dictée ♪2-09

音声を聞き、（　）に１語を入れて文を完成させましょう。**Écoutez et complétez.**

a. Si vous (　　　) (　　　) bien, vous pourrez (　　　) rapidement.
b. Qu'est-ce (　　) (　　) (　　) pas ? – J'ai de la (　　　) et j'ai mal à la (　　　).
c. Le médecin m'(　) (　　　) un sirop pour la (　　　) parce que j'ai mal à la (　　　).

II. Compréhension du dialogue

テキスト p. 40 の会話をもう一度確認し、1.~4.の記述が会話の内容に合致していれば VRAI に、間違っていれば FAUX にチェックを入れましょう。**Écoutez le dialogue / Regardez la vidéo et dites si ces phrases sont vraies ou fausses.**

1. Mari est chez le dentiste. VRAI ❐ FAUX ❐
2. Le médecin examine Mari. VRAI ❐ FAUX ❐
3. Mari a mal à la tête. VRAI ❐ FAUX ❐
4. Mari doit sortir demain. VRAI ❐ FAUX ❐

III. Questions - réponses

上の<II.>から２つの文を選んで質問文に改め、それに対する答えの文を書きましょう。**Transformez deux des phrases de l'exercice précédent (II) en phrases interrogatives et répondez-y.**

Exemple : *Est-ce que Mari est chez le dentiste ? – Oui, elle est chez le dentiste. / – Non, elle est chez le médecin.*

1. .... ?
....
2. .... ?
....

IV. Compréhension écrite (blog de Mari)

以下の Mari のブログを読み、1.~4.の記述が正しければ VRAI に、間違っていれば FAUX にチェックを入れ、さらにその理由を述べましょう。**Lisez le blog de Mari ci-dessous, répondez aux questions suivantes et justifiez.**

Bordeaux, le 29 août

Depuis hier soir, je ne me sens pas bien. J'ai mal à la gorge et j'ai de la fièvre. J'ai dû prendre froid en allant au marché ! Ce matin, Alice a téléphoné pour moi à son médecin et j'ai pu avoir un rendez-vous tout de suite. Maintenant, je vais aller acheter les médicaments à la pharmacie.

1. Mari se sent mal depuis longtemps. VRAI ❐ FAUX ❐
Justifiez : ....
2. Mari a dû prendre froid à la gare. VRAI ❐ FAUX ❐
Justifiez : ....
3. Alice a appelé le médecin pour Mari ce matin. VRAI ❐ FAUX ❐
Justifiez : ....
4. Le médecin lui a donné les médicaments. VRAI ❐ FAUX ❐
Justifiez : ....

Leçon 9

I. Dictée ♪2-10

音声を聞き、（　）に１語を入れて文を完成させましょう。**Écoutez et complétez.**

a. Tu (　　　　) venir chez moi, (　　　　) (　　　　) ? – Ça (　　　　) mal ! Je dois travailler ce soir-là.

b. Si on (　　　　) Denis à dîner à la maison (　　) (　　　　) ?
– (　　'　　)-(　　) que tu (　　　　) (　　　　) ?

c. Ça me (　　　　) beaucoup de voyager en Europe (　　　　) les vacances d'(　　　　).

II. Compréhension du dialogue

テキスト p. 44 の会話をもう一度確認し、1.~4.の記述が会話の内容に合致していれば VRAI に、間違っていれば FAUX にチェックを入れましょう。**Écoutez le dialogue / Regardez la vidéo et dites si ces phrases sont vraies ou fausses.**

1. Mari veut présenter des amis à Alice. VRAI ❒ FAUX ❒
2. Alice propose à Mari d'inviter Denis. VRAI ❒ FAUX ❒
3. La fête aura lieu vendredi soir. VRAI ❒ FAUX ❒
4. Denis a rendez-vous avec son professeur samedi soir. VRAI ❒ FAUX ❒

III. Questions - réponses

上の<II.>から２つの文を選んで質問文に改め、それに対する答えの文を書きましょう。**Transformez deux des phrases de l'exercice précédent (II) en phrases interrogatives et répondez-y.**

Exemple : *Mari veut présenter des amis à Alice ? – Oui, Mari veut lui présenter des amis. / – Non, c'est Alice qui veut présenter des amis à Mari.*

1. .... ?
....
2. .... ?
....

IV. Compréhension écrite (blog de Mari)

以下の Mari のブログを読み、1.~4.の記述が正しければ VRAI に、間違っていれば FAUX にチェックを入れ、さらにその理由を述べましょう。**Lisez le blog de Mari ci-dessous, répondez aux questions suivantes et justifiez.**

> *Bordeaux, le 30 août*
>
> *Aujourd'hui, Alice m'a proposé d'organiser une soirée chez elle. Je suis ravie car je vais pouvoir rencontrer ses amis. Il y aura ses collègues et ses anciens amis de fac. Elle m'a aussi proposé d'inviter Denis. Je vais l'appeler. J'espère qu'il pourra venir !*

1. Mari va organiser une fête chez Denis. VRAI ❒ FAUX ❒
Justifiez : ....
2. Alice va appeler Denis pour l'inviter. VRAI ❒ FAUX ❒
Justifiez : ....
3. Mari espère que Denis pourra venir. VRAI ❒ FAUX ❒
Justifiez : ....
4. Mari ne connaît pas encore les amis d'Alice. VRAI ❒ FAUX ❒
Justifiez : ....

Leçon 10

I. Dictée ♪2-11

音声を聞き、（ ）に１語を入れて文を完成させましょう。**Écoutez et complétez.**

a. Denis ( ) à Mari (') doit ( ) quelque chose.

b. Mari ( ) à Alice et Thomas (') ( ) ( ) un plat japonais.

c. Pour faire des ( ), il ( ) 250 grammes de ( ), 4 ( ), un demi-litre de ( ), 50 grammes de ( ), une ( ) ( ) ( ), et ( ) ( ).

II. Compréhension du dialogue

テキスト p. 48 の会話をもう一度確認し、以下の文があっている場合は VRAI 間違っている場合は FAUX にチェックをつけましょう。**Écoutez le dialogue / Regardez la vidéo et dites si ces phrases sont vraies ou fausses.**

1. Denis a accepté l'invitation de Mari. VRAI ❒ FAUX ❒
2. Mari ne peut pas aider Alice à faire la cuisine. VRAI ❒ FAUX ❒
3. Denis va apporter une bouteille de champagne. VRAI ❒ FAUX ❒
4. Thomas connaît bien la cuisine japonaise. VRAI ❒ FAUX ❒

III. Questions - réponses

上の<II.>から２つの文を選んで質問文に改め、それに対する答えの文を書きましょう。**Transformez deux des phrases de l'exercice précédent (II) en phrases interrogatives et répondez-y.**

Exemple : *Est-ce que Denis a accepté l'invitation de Mari ? – Oui, il a accepté son invitation. /*
– Non, il a refusé son invitation.

1. .... ?
....
2. .... ?
....

IV. Compréhension écrite (blog de Mari)

以下の Mari のブログを読み、1.~4.の記述が正しければ VRAI に、間違っていれば FAUX にチェックを入れ、さらにその理由を述べましょう。**Lisez le blog de Mari ci-dessous, répondez aux questions suivantes et justifiez.**

> *Bordeaux, le 31 août*
>
> *Denis peut venir à la soirée ! C'est génial ! Il va apporter une bouteille de vin. Moi, je vais préparer des okonomiyaki. J'espère que les amis d'Alice aimeront. On va bien s'amuser !*
> *Je vais essayer de trouver les ingrédients dans l'épicerie japonaise qui est près de chez Alice.*

1. Mari est triste car Denis ne viendra pas à la soirée. VRAI ❒ FAUX ❒
Justifiez : ....
2. Denis va apporter quelque chose à boire. VRAI ❒ FAUX ❒
Justifiez : ....
3. Mari va préparer quelque chose à manger. VRAI ❒ FAUX ❒
Justifiez : ....
4. Mari ne sait pas où acheter les ingrédients. VRAI ❒ FAUX ❒
Justifiez : ....

Leçon 11

I. Dictée ♪2-12

音声を聞き、（　）に１語を入れて文を完成させましょう。**Écoutez et complétez.**

a. Elle (　　’　　)(　　) qu’elle (　　　　) (　　　　) attention en rentrant à vélo.

b. Il m’(　) (　　　　) qu’il (　　) (　　　　) à Mari. Elle (　　) a dit qu’elle (　　　　) visiter la ville avec lui.

c. Il (　) (　) un accident de voiture la semaine (　　　　　　) et il (　　　) (　　) un accident de moto la semaine (　　　　　　　　) !

II. Compréhension du dialogue

テキスト p. 52 の会話をもう一度確認し、1.~4.の記述が会話の内容に合致していれば VRAI に、間違っていれば「FAUX」にチェックを入れましょう。**Écoutez le dialogue / Regardez la vidéo et dites si ces phrases sont vraies ou fausses.**

1. Mari a beaucoup parlé avec Denis hier soir. VRAI ❒ FAUX ❒
2. Denis lui a parlé de ses études. VRAI ❒ FAUX ❒
3. Denis lui a dit de faire attention à vélo. VRAI ❒ FAUX ❒
4. Denis a eu un accident de voiture. VRAI ❒ FAUX ❒

III. Questions - réponses

上の<II.>から２つの文を選んで質問文に改め、それに対する答えの文を書きましょう。**Transformez deux des phrases de l’exercice précédent (II) en phrases interrogatives et répondez-y.**

Exemple : *Est-ce que Mari a beaucoup parlé avec Denis hier soir ? – Oui, elle a beaucoup parlé avec lui. / – Non, elle n’a pas beaucoup parlé avec lui.*

1. .... ?
   ....
2. .... ?
   ....

IV. Compréhension écrite (blog de Mari)

以下の Mari のブログを読み、1.~4.の記述が正しければ VRAI に、間違っていれば FAUX にチェックを入れ、さらにその理由を述べましょう。**Lisez le blog de Mari ci-dessous, répondez aux questions suivantes et justifiez.**

Bordeaux, le 1er septembre

J’ai passé une excellente soirée hier soir. J’ai pu faire la connaissance des amis d’Alice et Thomas. Ils sont tous très sympathiques. Denis est venu. Nous avons beaucoup discuté tous les deux. Il m’a dit qu’il avait eu un accident de vélo récemment. Il faut que je sois prudente si je me déplace à vélo dans les rues de Bordeaux.

1. Mari a passé une bonne soirée. VRAI ❒ FAUX ❒

Justifiez : ....

2. Mari a rencontré de nouveaux amis. VRAI ❒ FAUX ❒

Justifiez : ....

3. Denis n’a pas pu venir à la soirée. VRAI ❒ FAUX ❒

Justifiez : ....

4. Denis a eu un accident de vélo. VRAI ❒ FAUX ❒

Justifiez : ....

Leçon 12

I. Dictée ♪2-13

音声を聞き、（ ）に1語を入れて文を完成させましょう。**Écoutez et complétez.**

a. Qu'est-ce que tu ( ) que je ( ) ?
– J'( ) que tu ( ) les poubelles et que tu ne ( ) pas ( ) tes ( ) un peu ( ).

b. Ça ( ) ! (') toujours ( ) ( ) range la maison ! ( ) ( ) ( ) ( ) ( ) !

c. Il faut que j'( ) travailler ( ).

II. Compréhension du dialogue

テキスト p. 56 の会話をもう一度確認し、1.~4.の記述が会話の内容に合致していれば VRAI に、間違っていれば FAUX にチェックを入れましょう。**Écoutez le dialogue / Regardez la vidéo et dites si ces phrases sont vraies ou fausses.**

1. Alice et Thomas s'entendent bien. VRAI ❒ FAUX ❒
2. Alice trouve qu'il ne l'aide pas assez à la maison. VRAI ❒ FAUX ❒
3. Thomas fait souvent la vaisselle. VRAI ❒ FAUX ❒
4. Thomas sort toujours la poubelle. VRAI ❒ FAUX ❒

III. Questions - réponses

上の<II.>から2つの文を選んで質問文に改め、それに対する答えの文を書きましょう。**Transformez deux des phrases de l'exercice précédent (II) en phrases interrogatives et répondez-y.**

Exemple : *Est-ce qu'Alice et Thomas se disputent ? – Oui, ils se disputent. / – Non, ils ne se disputent pas.*

1. .... ?
....
2. .... ?
....

IV. Compréhension écrite (blog de Mari)

以下の Mari のブログを読み、1.~4.の記述が正しければ VRAI に、間違っていれば FAUX にチェックを入れ、さらにその理由を述べましょう。**Lisez le blog de Mari ci-dessous, répondez aux questions suivantes et justifiez.**

> *Bordeaux, le 3 septembre*
>
> *J'ai discuté avec ma cousine Alice ce matin. Elle était triste car elle s'est disputée avec Thomas. Elle était en colère contre lui car il ne l'aide pas beaucoup à la maison. Elle voudrait qu'il fasse plus de choses : le ménage, la lessive ou le rangement par exemple. Le problème, c'est qu'il n'aime pas trop ça. Si Thomas participe aux tâches ménagères à égalité, ça s'arrangera entre eux.* (何とかなる)

1. Mari s'est disputée avec Thomas. VRAI ❒ FAUX ❒
Justifiez : ....
2. Alice est en colère contre Thomas. VRAI ❒ FAUX ❒
Justifiez : ....
3. Thomas adore faire le ménage. VRAI ❒ FAUX ❒
Justifiez : ....
4. Mari pense que ça peut s'arranger entre eux. VRAI ❒ FAUX ❒
Justifiez : ....

Leçon 13

I. Dictée ♪2-14

音声を聞き、（ ）に１語を入れて文を完成させましょう。**Écoutez et complétez.**

a. Quelle est la (　　　) (　　) (　　) touristique de (　　　　) ?
　– (　　'　　) Paris.

b. Sur les (　　　) de Bordeaux, il y a (　　　) d'anciens hangars (　　) (　　) (　　)
　(　　　　　) en boutiques.

c. La Cité du Vin a une (　　　) (　　) (　　　　). On (　　　) une carafe.

II. Compréhension du dialogue

テキスト p. 60 の会話をもう一度確認し、1.~4.の記述が会話の内容に合致していれば VRAI に、間違っていれば FAUX にチェックを入れましょう。**Écoutez le dialogue / Regardez la vidéo et dites si ces phrases sont vraies ou fausses.**

1. Mari et Denis sont en train de visiter Bordeaux. VRAI ❒ FAUX ❒
2. La Cité du Vin est l'endroit le plus touristique de Bordeaux. VRAI ❒ FAUX ❒
3. Mari est déçue de voir le miroir d'eau. VRAI ❒ FAUX ❒
4. La Cité du Vin a une forme originale. VRAI ❒ FAUX ❒

III. Questions - réponses

上の<II.>から２つの文を選んで質問文に改め、それに対する答えの文を書きましょう。**Transformez deux des phrases de l'exercice précédent (II) en phrases interrogatives et répondez-y.**

Exemple : *Est-ce que Mari et Denis sont en train de visiter Bordeaux ? – Oui, ils sont en train de visiter Bordeaux. / – Non, ils ne sont pas en train de visiter Bordeaux.*

1. .... ?
....

2. .... ?
....

IV. Compréhension écrite (blog de Mari)

以下の Mari のブログを読み、1.~4.の記述が正しければ VRAI に、間違っていれば FAUX にチェックを入れ、さらにその理由を述べましょう。**Lisez le blog de Mari ci-dessous, répondez aux questions suivantes et justifiez.**

Bordeaux, le 5 septembre

Ce matin, je me suis promenée dans les rues de Bordeaux avec Denis. J'ai découvert le miroir d'eau dont j'avais beaucoup entendu parler, et les quais de Bordeaux.
Cet après-midi, nous sommes allés visiter la Cité du Vin. C'est un bâtiment très original qui a la forme d'une carafe. Bordeaux est vraiment une ville magnifique !

1. Aujourd'hui, Mari a visité Bordeaux en compagnie de Thomas. VRAI ❒ FAUX ❒
Justifiez : ....
2. Mari est déjà allée voir le miroir d'eau. VRAI ❒ FAUX ❒
Justifiez : ....
3. La Cité du Vin a une forme rectangulaire. VRAI ❒ FAUX ❒
Justifiez : ....
4. Mari trouve que Bordeaux est une belle ville. VRAI ❒ FAUX ❒
Justifiez : ....

Leçon 14

I. Dictée ♪2-15

音声を聞き、（ ）に１語を入れて文を完成させましょう。**Écoutez et complétez.**

a. Qu'est-ce qui (') ( ) ?
– Je ( ) ( ) ( ) ( ) mon ( ). Ça s'est passé quand je ( ) mes ( ) au supermarché.

b. J'( ) ( ) ( ) de dormir dans ma chambre ( ) le ( ) est entré chez moi.

c. Il était ( ) ? – Il était ( ) et ( ). Il ( ) les ( ) noirs et courts, et les ( ) ( ). Il était ( ) jeune.

II. Compréhension du dialogue

テキスト p. 64 の会話をもう一度確認し、1.~4.の記述が会話の内容に合致していれば VRAI に、間違っていれば FAUX にチェックを入れましょう。**Écoutez le dialogue / Regardez la vidéo et dites si ces phrases sont vraies ou fausses.**

1. Mari est au commissariat de police. VRAI ❑ FAUX ❑
2. Mari s'est fait voler son portable quand elle prenait des photos. VRAI ❑ FAUX ❑
3. Ça s'est passé au marché. VRAI ❑ FAUX ❑
4. Mari n'a pas vu le voleur. VRAI ❑ FAUX ❑

III. Questions - réponses

上の<II.>から２つの文を選んで質問文に改め、それに対する答えの文を書きましょう。**Transformez deux des phrases de l'exercice précédent (II) en phrases interrogatives et répondez-y.**

Exemple : *Est-ce que Mari est au commissariat de police ? – Oui, elle est au commissariat de police. / – Non, elle n'est pas au commissariat de police.*

1. .... ?
....
2. .... ?
....

IV. Compréhension écrite (blog de Mari)

以下の Mari のブログを読み、1.~4.の記述が正しければ VRAI に、間違っていれば FAUX にチェックを入れ、さらにその理由を述べましょう。**Lisez le blog de Mari ci-dessous, répondez aux questions suivantes et justifiez.**

> *Bordeaux, le 7 septembre*
> *Hier, il m'est arrivé une aventure très désagréable. Je me suis fait voler mon téléphone portable. J'étais sur les quais et je ne faisais pas attention parce que j'étais en train de prendre des photos. Après, j'ai dû aller au commissariat de police. Quelle histoire ! Denis m'a dit qu'il fallait faire attention à chaque instant.*

1. Hier, Mari a passé une bonne journée. VRAI ❑ FAUX ❑
Justifiez : ....
2. Alice a toujours son portable. VRAI ❑ FAUX ❑
Justifiez : ....
3. Mari a été prudente. VRAI ❑ FAUX ❑
Justifiez : ....
4. Mari est allée au commissariat de police. VRAI ❑ FAUX ❑
Justifiez : ....

Leçon 15

I. Dictée ♪2-16

音声を聞き、（　）に１語を入れて文を完成させましょう。**Écoutez et complétez.**

a. Je suis (　　　　　) de devoir partir. Si je (　　　　　　), je (　　　　　　　) bien quelques jours.

b. Mon (　　　　　), c'est de (　　　　　　) médecin.

c. J'(　　　　　) que tu (　　　　　) bien. Je t'(　　　　　) pour te (　　　　　) que je (　　) (　　) (　　　　) au Japon et que je (　　　　　) (　　) t'(　　　　　　　) mon C.V.

II. Compréhension du dialogue

テキスト p. 68 の会話をもう一度確認し、1.~4.の記述が会話の内容に合致していれば VRAI に、間違っていれば FAUX にチェックを入れましょう。**Écoutez le dialogue / Regardez la vidéo et dites si ces phrases sont vraies ou fausses.**

1. Mari a envie de rentrer chez elle au Japon.	VRAI ❐	FAUX ❐
2. Mari serait heureuse de pouvoir rester en France.	VRAI ❐	FAUX ❐
3. Mari souhaiterait étudier la pâtisserie en France.	VRAI ❐	FAUX ❐
4. Denis trouve que c'est une bonne idée d'étudier la pâtisserie.	VRAI ❐	FAUX ❐

III. Questions - réponses

上の<II.>から２つの文を選んで質問文に改め、それに対する答えの文を書きましょう。**Transformez deux des phrases de l'exercice précédent (II) en phrases interrogatives et répondez-y.**

Exemple : *Est-ce que Mari a envie de rentrer chez elle au Japon ? – Oui, elle en a envie. /*
– Non, elle n'en a pas envie.

1. .... ?
   ....
2. .... ?
   ....

IV. Compréhension écrite (blog de Mari)

以下の Mari のブログを読み、1.~4.の記述が正しければ VRAI に、間違っていれば FAUX にチェックを入れ、さらにその理由を述べましょう。**Lisez le blog de Mari ci-dessous, répondez aux questions suivantes et justifiez.**

> *Bordeaux, le 10 septembre*
>
> *Les vacances sont terminées ! Je dois rentrer au Japon.*
> *Je n'ai pas envie de partir. J'adore Bordeaux et puis il y a Alice et Denis qui habitent ici ! J'aimerais bien étudier la pâtisserie dans cette belle ville. Denis m'a dit que ce ne serait pas facile, mais j'ai envie de tenter l'aventure.*
> *Je pars bientôt mais je reviendrai, c'est sûr !*

1. Mari est triste de devoir rentrer au Japon. VRAI ❐ FAUX ❐
Justifiez : ....
2. Denis et Alice vont lui manquer. VRAI ❐ FAUX ❐
Justifiez : ....
3. Mari a l'intention d'étudier la pâtisserie à Bordeaux. VRAI ❐ FAUX ❐
Justifiez : ....
4. Mari ne reviendra pas à Bordeaux. VRAI ❐ FAUX ❐
Justifiez : ....

カフェ・フランセ　2

別冊練習問題集（非売品）

© 2020 年 3 月 15 日　初　版 発行

2022 年 3 月 1 日　第二刷 発行

著　者　フロランス・容子・シュードル

シルヴィ・恵子・サンジェス

加藤　豊子

中川　高行

柳嶋　周

発行者　原　雅久

発行所　株式会社　朝日出版社

101-0065　東京都千代田区西神田 3-3-5

電話 (03) 3239-0271

FAX (03) 3239-0479

Café Français 2

Florence Yoko Sudre
Sylvie Keiko Sengès
Toyoko Kato
Takayuki Nakagawa
Shu Yanagishima

Editions ASAHI

Plan de Paris

⑨ 世界最大級の美術館の一つとして名高いルーヴル美術館は、ミロのビーナスやモナ・リザなど、古代から19世紀半ばまでの世界的に有名な美術品およそ30万点を所蔵しています。

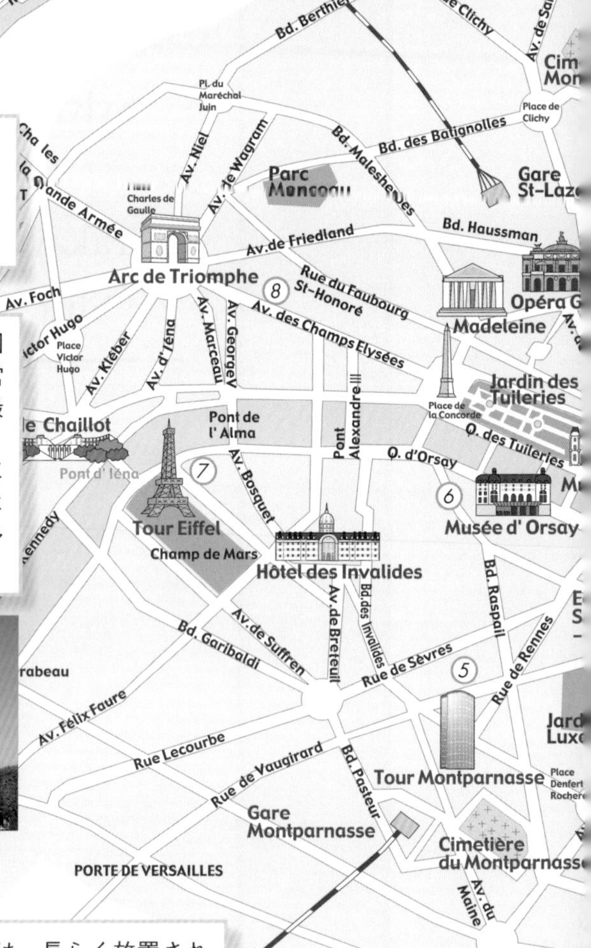

⑧ パリ8区を横切る有名な大通りシャンゼリゼは、コンコルド広場から凱旋門までの延長2キロに及ぶパリ随一の目抜き通り。高級飲食店や有名ブランド店が立ち並んでいます。

⑦ エッフェル塔は、大革命百周年を記念する万国博覧会の1889年、橋梁技師エッフェルの経営する会社が設計・施工を担当しました。当時最先端の建材である「鉄」の塔は、現在ではパリのシンボルとして欠かすことのできない存在になっていますが、建設当初はその奇抜な外観は景観を台無しにするなどとモーパッサンほか多くの知識人らの反発を買ったものです。

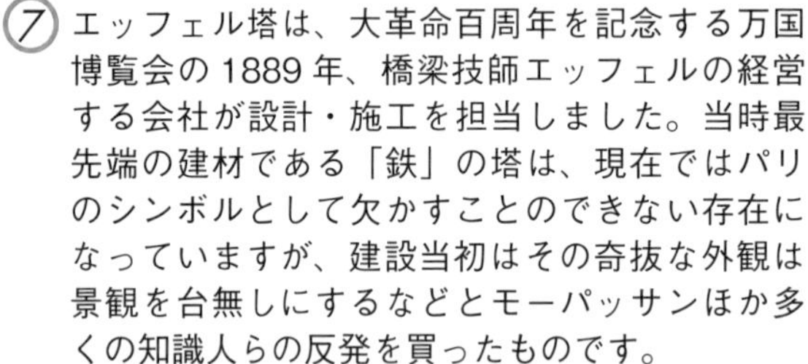

⑥ 1900年万国博覧会の時建設された鉄道の駅舎は、長らく放置されたあと改装されオルセー美術館として生まれ変わりました（1984年）。主に19世紀半ばから第一次大戦までの美術品を所蔵していますが、モネやルノワールなど印象派のコレクションが特に有名です。

⑤ 20世紀前半に世界中から芸術家が集まった街として知られるモンパルナスですが、現在もショッピングセンターや映画館の立ち並ぶ活気のある町として知られています。建設時に激しい反対にあった高層ビル、モンパルナスタワーの展望台からはパリ全域を見渡すことができます。

①モンパルナス以前に多くの貧しい芸術家たちがアトリエを構えたモンマルトルの丘は、映画『アメリ』の舞台としても知られています。その頂にそびえるサクレ・クール寺院は歴史的に新しい建造物（19世紀末）ですが、パリ観光の人気スポットの一つとなっています。

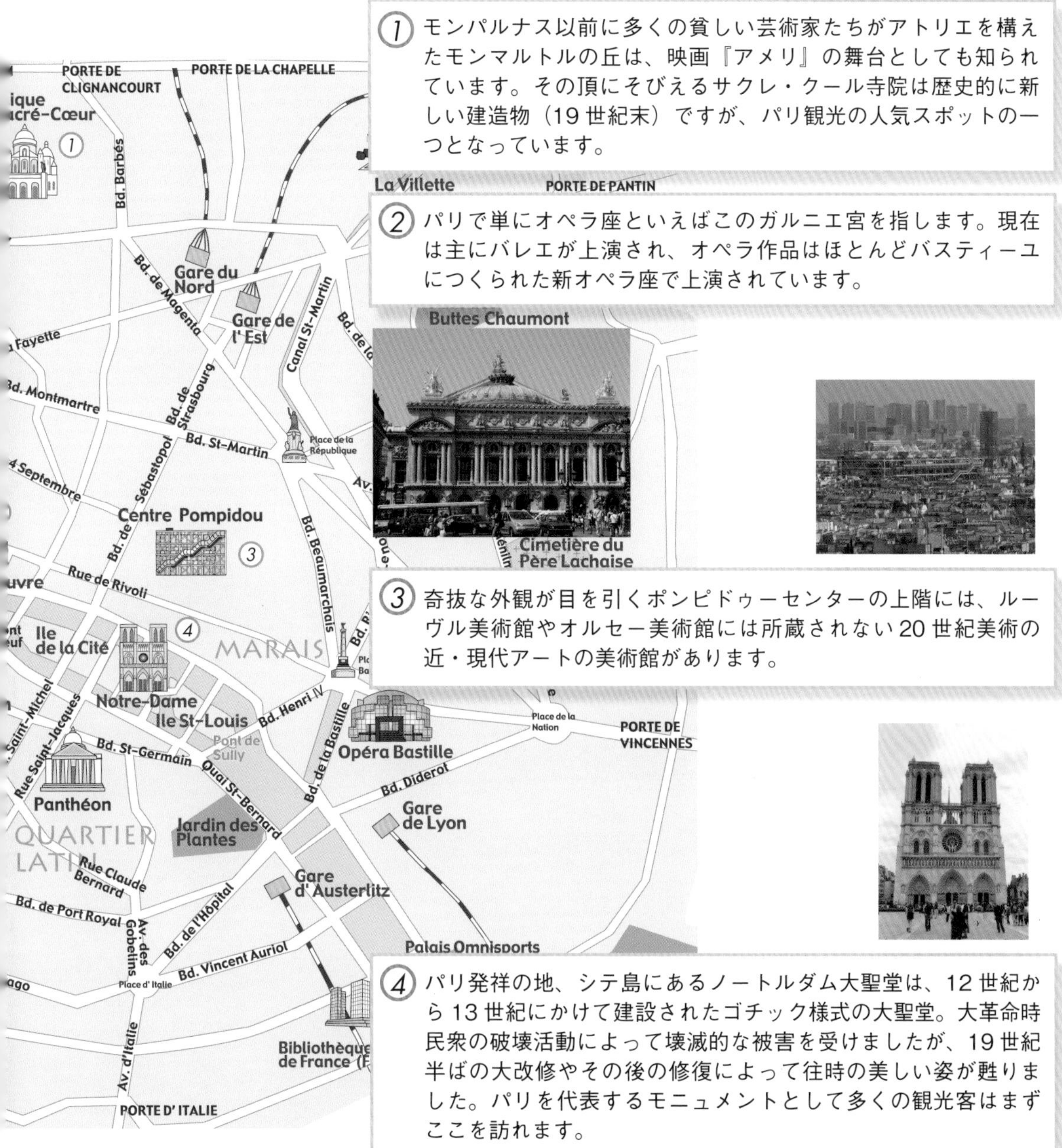

②パリで単にオペラ座といえばこのガルニエ宮を指します。現在は主にバレエが上演され、オペラ作品はほとんどバスティーユにつくられた新オペラ座で上演されています。

③奇抜な外観が目を引くポンピドゥーセンターの上階には、ルーヴル美術館やオルセー美術館には所蔵されない20世紀美術の近・現代アートの美術館があります。

④パリ発祥の地、シテ島にあるノートルダム大聖堂は、12世紀から13世紀にかけて建設されたゴチック様式の大聖堂。大革命時民衆の破壊活動によって壊滅的な被害を受けましたが、19世紀半ばの大改修やその後の修復によって往時の美しい姿が甦りました。パリを代表するモニュメントとして多くの観光客はまずここを訪れます。

⑩サン・ルイ島からイエナ橋までのセーヌ河岸約5キロの区域全体が世界遺産に登録されています。ここにはノートルダム大聖堂、ポンヌフ（パリ最古の橋）、ルーヴル美術館、ナポレオンの柩を収めたアンヴァリッド、エッフェル塔などが含まれています。

Remerciements :

Maria Videaud-Asakawa
Malo Videaud-Asakawa
Romieu Dulbecco
Alice Sengès
Pierre Sengès
Estelle Sudre
Éléna Sudre
Clément Videaud

Léa Cavallini
Thomas Collet
Théo Prieur
Michel Sudre
Victor Sudre
Patrick Sengès
Pierre Vollas

カフェ・フランセ２準拠 HP

このテキストの音声と映像は、下記 HP にて公開しています。
http://text.asahipress.com/text-web/france/cafefrancais2/index.html

前書き

本書の特徴：

「カフェ・フランセ」の後編となる本書「カフェ・フランセ２」は、フランス語学習が２年目に入る高校生や大学生を対象としています。コミュニケーション・アプローチに基づいて編まれており、学習者ができるだけ積極的に授業に参加できるよう、いろいろの工夫をこらしました。まず各課はディアローグの発見から始まりますが、皆さんはこのディアローグを通して日常生活や旅行の際に役立つ数々の有用な表現を学ぶことができます。つづくアクティヴィテの２ページは教室の仲間とペアになって行うスペースで、会話の当事者になることによって新しい表現や語彙を身につけることが可能になります。各課の最後のページは文法の解説とエグゼルシスに当てられています。このページは各課の文法・表現のポイントを解説し、理解をより確実なものにすることを目的としています。

<u>ディアローグ</u>

様々なコミュニケーションの場面で展開される生き生きとしたディアローグです。活用しやすい内容になっていますが、配置されたイラストによっていっそう本文の理解が早まります。

<u>主な登場人物</u>

ドニはワイン醸造学を学ぶためにボルドーへ出発するフランス人大学生です。母国でフランス文学を学ぶ日本人のマリ、夏のヴァカンスを過ごすため彼女もボルドーへ向かおうとしています。

<u>ビデオ</u>

音声収録を補う形で、各課のディアローグはボルドーでビデオ撮影されました（各課に１ビデオ）。

<u>アクティヴィテ</u>

— 教室の仲間とペアになってコミュニケーションを行うアクティヴィテです。

— 《À vous !：今度はあなたの番》の欄は、ディアローグに近い状況に身を置いた学習者が、学んだばかりの表現を自分の立場で言ってみる練習です。

<u>シヴィリザシヨン</u>

— ボルドーの町の発見

<u>インターネット</u>

収録されたディローグの音声・映像は朝日出版社の特設サイトで自由に閲覧できます。

<u>DVD</u>

各課ディアローグを記録したビデオを含むDVDをご希望の方は、朝日出版社へお申し込みください。

著　者

Avant-propos

Faisant suite à Café Français, Café Français 2 est un manuel de français destiné à des lycéens et à des étudiants en deuxième année de français. Fondé sur l'approche communicative, cet ouvrage permet à l'apprenant d'être le plus actif possible durant le cours. Chaque leçon débute par la découverte d'un dialogue permettant l'acquisition d'expressions utiles dans la vie quotidienne ou lors d'un voyage. Ensuite, la double page d'activités permet aux étudiants de travailler en binôme pour l'appropriation des expressions nouvelles et la mémorisation du lexique. Enfin, la dernière page de la leçon est consacrée à la grammaire. Elle comporte des explications et des exercices visant à la consolidation des acquis.

Les plus de ce manuel :

Les dialogues

Des dialogues vivants qui représentent des situations de communication variées, facilement exploitables, avec des illustrations favorisant l'accès au sens.

Les personnages principaux

Denis, un étudiant français qui part étudier l'œnologie à Bordeaux, et Mari, une jeune japonaise étudiant la littérature française au Japon et qui va passer ses vacances d'été à Bordeaux.

Les vidéos

En complément des enregistrements audio, la vidéo de chaque leçon a été tournée à Bordeaux (une vidéo par leçon).

Les activités

– des activités à faire en binôme, axées sur la communication ;
– dans la rubrique « À vous ! », les apprenants sont mis dans une situation de communication proche de celle du dialogue et réutilisent les expressions vues.

La civilisation

La découverte de la ville de Bordeaux.

Le site Internet

Les enregistrements sonores et vidéo des dialogues sont en libre accès sur le site des Editions ASAHI.

Le DVD

Comportant l'enregistrement vidéo de chaque dialogue, le DVD est disponible sur demande auprès des Editions Asahi.

Les auteurs

Table des matières 目次

Leçon 0 Ils se présentent !

・自己紹介
・疑問文
・-er 動詞

I Présentation des personnages 人物紹介 02

Activité 1 ビデオを見て（音声を聞いて）４人の登場人物について聞こえた情報を表に書き入れましょう。Regardez / écoutez la présentation des 4 personnages et notez les informations entendues.

1.

Prénom 名前 ______
Âge 年齢 ______ ans
Profession 職業 étudiante
Études 学部 en troisième année de ______
Nationalité 国籍 japonaise
Lieu d'habitation 住んでいる場所 Yokohama
Langues parlées 話せる言語 ______ et ______
Autres その他 cousine d' ______

2.

Prénom 名前 ______
Âge 年齢 ______ ans
Profession 職業 étudiant
Études 学部 master en biologie
Nationalité 国籍 français
Lieu d'habitation 住んでいる場所 ______
Langues parlées 話せる言語 ______
Autres その他 Il veut étudier l'œnologie à ______.

3.

Prénom 名前 ____________

Âge 年齢 ____________ ans

Profession 職業 employée dans une entreprise

Études 学部 ____________ en sciences politiques

Nationalité 国籍 ____________

Lieu d'habitation 住んでいる場所 Bordeaux

Langues parlées 話せる言語 français et un peu ____________

Autres その他 ____________

4.

Prénom 名前 ____________

Âge 年齢 ____________ ans

Profession 職業 ingénieur

Études 学部 école d'ingénieur

Nationalité 国籍 ____________

Lieu d'habitation 住んでいる場所 ____________

Langues parlées 話せる言語 ____________ et ____________

Autres その他 Il a passé 6 mois en ____________ et ____________ an aux États-Unis.

II Informations sur Mari マリについて 03

Activité 2 ビデオを見て(音声を聞いて)文書をつなぎ合わせましょう。Écoutez l'enregistrement ou visionnez de nouveau la vidéo. Reliez d'un trait et faites des phrases.

1. Je m'appelle ●	● 22 ans.
2. Je suis ●	● Mari.
3. J'habite ●	● japonaise.
4. J'ai ●	● étudiante en troisième année.
5. J'aime ●	● à Paris étudier le français.
6. Je suis ●	● à Yokohama.
7. Je suis allée ●	● là-bas un an.
8. Je suis restée ●	● écrire des articles sur mon blog.

Ⅲ Présenter un personnage 人物紹介 04

a. 音声を聞いて、表に書き入れましょう。Écoutez et complétez les présentations suivantes.

Elle s'appelle ____________________
Elle est ____________________
Elle habite ____________________
Elle a ____________________
Elle parle ____________________

Il s'appelle ____________________
Il est ____________________
Il habite ____________________
Il a ____________________
Il parle ____________________

b. 隣の人にどちらか 1 人を紹介しましょう。À deux, choisissez un des personnages et présentez-le à votre voisin.

質問に答えましょう。
À l'aide de la fiche suivante, discutez avec votre partenaire.

Questionnaire :
Tu t'appelles comment ?
Tu as quel âge ?
Tu es de quelle nationalité ?
Tu habites où ?
Tu es étudiant ?
Tu parles quelle(s) langue(s) ?
Qu'est-ce que tu aimes faire ?

Réponses :
____
____
____
____
____
____
____

I 直説法現在形 Révision des verbes au présent de l'indicatif

Complétez les conjugaisons.

être		avoir		aller		venir	
je	suis	j'	ai	je	vais	je	viens
tu	es	tu	as	tu	vas	tu	viens
il/elle	est	il/elle	a	il/elle	va	il/elle	vient
nous	sommes	nous	avons	nous	allons	nous	venons
vous	êtes	vous	avez	vous	allez	vous	venez
ils/elles	sont	ils/elles	ont	ils/elles	vont	ils/elles	viennent

aimer		habiter		s'appeler		connaître	
j'	aime	j'	habit___	je	m'appell___	je	connais
tu	aim**es**	tu	habit___	tu	t'appell___	tu	connais
il/elle	aime	il/elle	habit___	il/elle	s'appell___	il/elle	connaît
nous	aim**ons**	nous	habit____	nous	nous appel___	nous	connaissons
vous	aim**ez**	vous	habit___	vous	vous appel___	vous	connaissez
ils/elles	aim**ent**	ils/elles	habit____	ils/elles	s'appell___	ils	connaissent

II 国、言葉、言語 Révision des noms de pays, des nationalités et des langues

Pays 国	Nationalité 国籍	Langue 言語
La France	français(e)	français
Le Japon	japonais(e)	japonais
L'Italie	italien(ne)	italien
La Corée	coréen(ne)	coréen
La Chine	chinois(e)	chinois
Les États-Unis	américain(e)	anglais

J'habite en France.
Je suis français(e).
Je parle français.

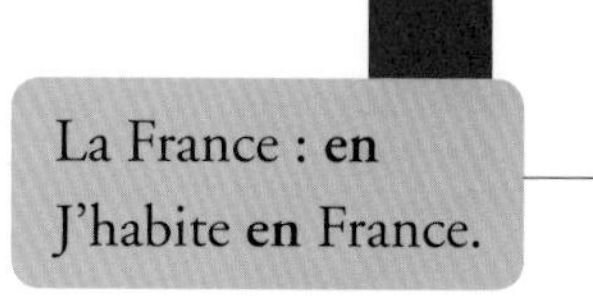

L'Espagne : **en**
Je vais **en** Espagne.

Le Japon : **au**
Je vais **au** Japon.

Les États-unis : **aux**
Je vais **aux** États-Unis.

Leçon 1 C'est incroyable !

Dialogue カフェにて Au café 

Vidéo

Mari est de retour à Paris.

Mari : Tiens ! Ce n'est pas Denis ? … Mais si, c'est lui !
Denis ! Denis ! C'est moi, Mari !

Denis : Mari ? Non, ce n'est pas possible ! Toi ? Ici ?
C'est incroyable ! Dis-moi, qu'est-ce que tu fais à Paris ?

Mari : Eh bien, tu vois, je suis en vacances en France…
On venait souvent dans ce café, tu te souviens ?

Denis : Bien sûr ! Tu as le temps de prendre un verre ?
Allez, assieds-toi et raconte-moi tout !

Activités

I L'imparfait 半過去形 06

Activité 1 表に直説法半過去の活用を書き入れましょう。Conjuguez les verbes suivants à l'imparfait.

例：	1.	2.	3.

habiter	**avoir**	**être**	**jouer**
j'habitais	j'__________	j'__________	je __________
vous ***habitiez***	vous __________	vous __________	vous __________

4.	5.	6.	7.

faire	**regarder**	**aimer**	**aller**
je __________	je __________	j'__________	j'__________
vous __________	vous __________	vous __________	vous __________

Activité 2 マリとドニが子供の頃の話をしています。イラストを見て、文を完成させましょう。
Mari et Denis racontent leurs souvenirs d'enfance. Faites-les parler.

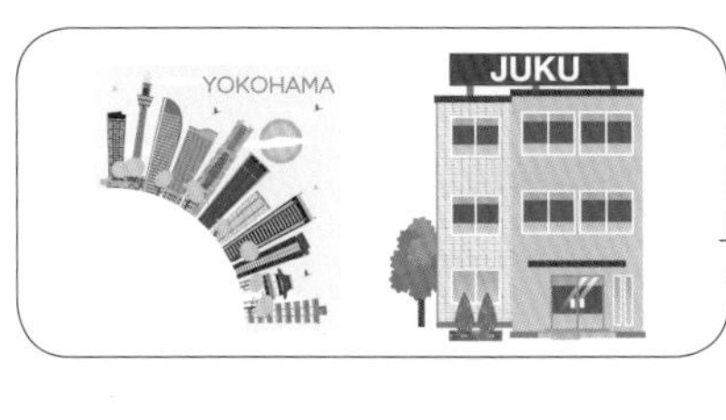

Mari : Quand j'étais petite, j'__________ (habiter) à Yokohama et j'__________ (aller) au ______________.

Denis : Moi, quand j'étais petit, je __________ (faire) du foot et je __________ (regarder) des dessins animés.

Activité 3 **a.** アリスとトマのインタビューを聞いて、それぞれが子供のころに何をしていたかを p.10 の選択肢の中から、a. に書きましょう。Écoutez les interviews d'Alice et de Thomas et cochez les activités que vous entendez. Puis, écrivez s'il s'agit d'Alice ou de Thomas (a.). 07

b. アリスとトマがどのくらいの頻度で行っていたか b. に書きましょう。Notez à quel moment Alice et Thomas faisaient ces activités (b.). 08

le matin　le week-end　deux fois par semaine　tous les jours　après les cours　tous les ans

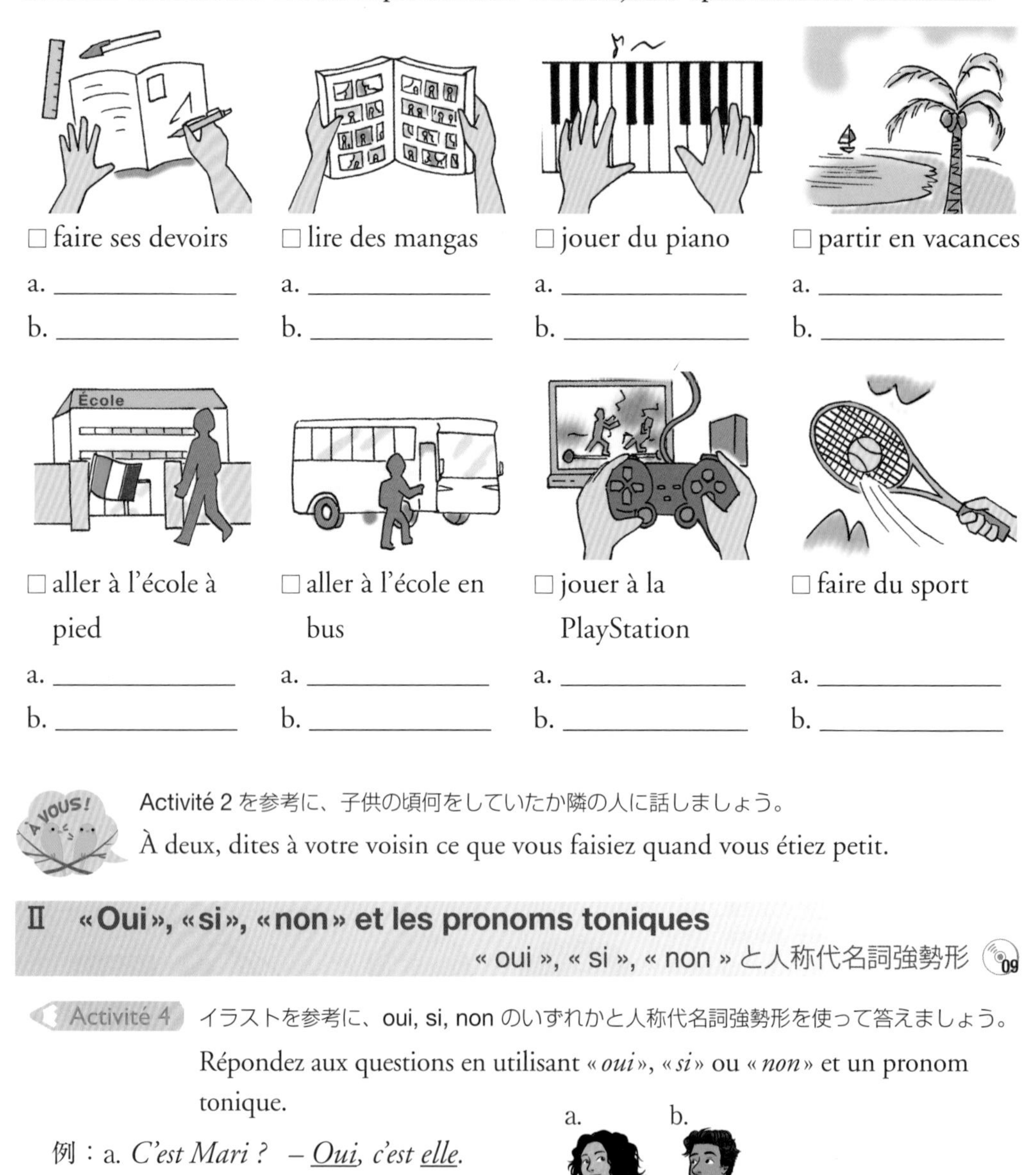

□ faire ses devoirs	□ lire des mangas	□ jouer du piano	□ partir en vacances
a. ______________	a. ______________	a. ______________	a. ______________
b. ______________	b. ______________	b. ______________	b. ______________

□ aller à l'école à pied	□ aller à l'école en bus	□ jouer à la PlayStation	□ faire du sport
a. ______________	a. ______________	a. ______________	a. ______________
b. ______________	b. ______________	b. ______________	b. ______________

À VOUS !

Activité 2 を参考に、子供の頃何をしていたか隣の人に話しましょう。
À deux, dites à votre voisin ce que vous faisiez quand vous étiez petit.

II «Oui», «si», «non» et les pronoms toniques

« oui », « si », « non » と人称代名詞強勢形 09

Activité 4 イラストを参考に、oui, si, non のいずれかと人称代名詞強勢形を使って答えましょう。
Répondez aux questions en utilisant «*oui*», «*si*» ou «*non*» et un pronom tonique.

例：a. *C'est Mari ?*　– *Oui, c'est elle.*
　　b. *C'est Denis ?*　– *Non, ce n'est pas lui.*

1. C'est Thomas ?
– ________, c'est ________.

2. Ce n'est pas Alice ?
– ________, c'est ________.

3. Ce sont Mari et Denis ?
– ________, ce sont ________.

4. Ce ne sont pas Mari et Alice ?
– ________, ce sont ________.

Grammaire et exercices

I 半過去 (1)：過去における未完了の状態（動作）、習慣（反復）などを表わします。

語幹：venir→**ven-** aller→**all-** avoir→**av-** faire→**fais-** *cf.* être→**ét-**
語尾：-ais / -ais / -ait / -ions / -iez / -aient

	venir				**être**		
je	ven**ais**	nous	ven**ions**	j'	**étais**	nous	**étions**
tu	ven**ais**	vous	ven**iez**	tu	**étais**	vous	**étiez**
il/elle	ven**ait**	ils/elles	ven**aient**	il/elle	**était**	ils/elles	**étaient**

On ***venait*** souvent dans ce café.（過去における習慣・反復「～したものだ」）
Mari ***était*** de retour à Paris.（過去の状態「～だった」）

II 人称代名詞強勢形

主語	je	tu	il	elle	nous	vous	ils	elles
強勢形	***moi***	***toi***	***lui***	***elle***	***nous***	***vous***	***eux***	***elles***

Lui, il aime beaucoup les sushis.（人称の強調）
C'est ***toi***, Mari ?（属詞）　　Elle vient chez ***moi***.（前置詞の後）

III 補語人称代名詞の位置：肯定命令形の場合

Tu ***me*** racontes tout. → Raconte-***moi*** tout. (me → moi)

IV 代名動詞の肯定命令形

s'asseoir : assieds-***toi***（te → toi）/ asseyons-***nous*** / asseyez-***vous***
se souvenir : souviens-***toi*** / souvenons-***nous*** / souvenez-***vous***

Expressions

◆ si「いいえ」と non「はい」
Ce n'est pas Denis ? – ***Si***, c'est lui. / – ***Non***, ce n'est pas lui.

1 半過去形にしましょう。

1. aller　Avant, on ___________ au cinéma une fois par semaine.
2. être　Où est-ce que tu ___________ à ce moment-là ?

2 下線部に適切な人称代名詞の強勢形を書き入れましょう。

1. Je suis heureux. Et ______ ? — __________ aussi, je suis très heureuse.
2. Ce sont tes cousins ? — Oui, ce sont __________.

3 各文を肯定命令形に書き換えましょう。

1. Tu m'écris de temps en temps. → ______________________ de temps en temps.
2. Tu lui parles. → ______________________________________.

4 各文を肯定命令形に書き換えましょう。

1. Tu te lèves vite. → ________________________________ vite.
2. Vous vous dépêchez. → ______________________________________.

Quelle coïncidence !

カフェのテラスで　À la terrasse du café 

Mari : Après mon retour au Japon, j'ai repris mes études de littérature à la fac tout en travaillant.

Denis : Tu es en quelle année ?

Mari : Je suis en troisième année maintenant. Et toi ?

Denis : Moi, je viens de terminer mon master à la Sorbonne et demain, je pars m'installer à Bordeaux afin d'étudier l'œnologie.

Mari : Quelle coïncidence ! Moi aussi, je vais à Bordeaux. Ma cousine m'a invitée chez elle.

Denis : Mais c'est génial ! Allons-y ensemble !

Activités

I Parler de ses études 専攻について 11

Activité 1 音声を聞いて、繰り返しましょう。Écoutez et répétez.

la biologie 生物学	l'œnologie 醸造学	l'économie 経済学	l'histoire 歴史学	l'art 芸術
les sciences politiques 政治学	les sciences humaines 人文学	la littérature 文学	le droit 法学	l'informatique 情報科学

Activité 2 **a.** 例にならって相手に質問しましょう。Demandez à votre voisin ce qu'il fait comme études et en quelle année il est.

例：*Qu'est-ce que tu études ? – J'étudie le droit.*
Tu es en quelle année ?
– Je suis en deuxième année.

1er / 1re	2^{e}	3^{e}	4^{e}
premier(première) /	deuxième /	troisième /	quatrième

b. a. の例にならって自分のことを説明しましょう。Et vous ? En quelle année êtes-vous ? Qu'est-ce que vous étudiez ?

– Je suis en __________ année de __________ à l'université __________.

II Le gérondif ジェロンディフ 12

Activité 3 ジェロンディフを使って文を完成させ、それに合う写真を選びましょう。
Complétez les phrases en utilisant les verbes au gérondif et associez-les aux photos.

☐  ☐  ☐  ☐ 

例：*Je bois mon café en lisant (lire) le journal.*

例

1. Je lis mes mails _________ (écouter) de la musique.
2. Je me promène dans le parc _________ (rêver).
3. J'écoute le professeur _________ (prendre) des notes.
4. Je dîne au restaurant _________ (discuter) avec des amis.

Ⅲ Le passé composé 複合過去（révision 復習） 13

Activité 4 動詞の活用を完成させましょう。Complétez les conjugaisons suivantes.

rentrer		décider		se souvenir	
je ________	rentré(e)	j'________	décidé	je me ________	souvenu(e)
tu ________	rentré(e)	tu ________	décidé	tu t'________	souvenu(e)
il ________	rentré	il ________	décidé	il s'________	souvenu
elle ________	rentrée	elle ________	décidé	elle s'________	souvenue
nous ________	rentré(e)s	nous ________	décidé	nous nous ________	souvenu(e)s
vous ________	rentré(e)(s)	vous ________	décidé	vous vous ________	souvenu(e)(s)
ils ________	rentrés	ils ________	décidé	ils se ________	souvenus
elles ________	rentrées	elles ________	décidé	elles se ________	souvenues

Activité 5 マリが日本へ帰ってから、何をしたかを想像しましょう。そして複合過去と吹き出しの中の表現を使って、以下の文を完成させましょう。

Imaginez ce que Mari a fait depuis qu'elle est rentrée au Japon. Utilisez les éléments suivants au passé composé et les expressions de temps.

> *d'abord* / en août / ensuite / enfin / puis

例：(rentrer au Japon)

D'abord, elle est rentrée au Japon.

1. (reprendre ses études à l'université)

________, elle ________________.

2. (passer des examens)

________, elle ________________.

3. (faire un petit boulot pour économiser de l'argent)

________, elle ________________.

4. (retourner en France pour les vacances)

________, elle ________________.

休みの間何をしていたか、下の表現を参考に複合過去を使って言いましょう。

Dites ce que vous avez fait pendant les vacances en utilisant le passé composé et en vous aidant des expressions ci-dessous.

> aller souvent au café, aller à la fac, étudier beaucoup, sortir avec des amis, voyager, manger de bonnes choses, passer son permis de conduire, etc.

例：*Pendant les vacances, je suis souvent allé(e) au café avec des amis...*

Grammaire et exercices

Ⅰ ジェロンディフ « en + 現在分詞 »：「～しながら」など。主語は主節と同一。

travailler→travaill***ant***(←nous travaill*ons*)　faire→fais***ant***
dormir→dorm***ant*** / partir→part***ant***　*cf.* être→ét***ant*** / avoir→ay***ant***
Mari a repris ses études de lettres à la fac tout* ***en*** travaill***ant***. (*意味の強め)

Ⅱ 過去分詞の性数一致

直接目的補語が <avoir + 過去分詞> の前に置かれると、過去分詞はその性数と一致します。

Elle ***m'***a invité.　　Elle ***nous*** a invité***s***.
Elle ***m'***a invité***e***.　　Elle ***nous*** a invité***es***.

Ⅲ 疑問形容詞：「どの～」「～は何？」／「何という～！（感嘆）」

m.s.	*f.s.*	*m.pl.*	*f.pl.*
quel	**quelle**	**quels**	**quelles**

Quel est ce monument-là ? / Tu es en ***quelle*** année ? / ***Quelle*** coïncidence !

Ⅳ 近接過去：« venir de + *inf.* »「～したばかり」

Je ***viens de*** terminer mon master.
cf. 近接未来：« aller + *inf.* »「～するところ」 Je ***vais*** terminer mon master.

Expression

◆ Allons-***y***. (y = à Bordeaux.) (→ Leçon 5 文法)

1 下線部をジェロンディフで表現しましょう。

1. Elles bavardent <u>pendant qu'elles font</u> le ménage. → ____________________
2. Ne regardez pas votre smartphone <u>quand vous marchez</u>. → ________________

2 下線部を人称代名詞にして文を書き換えましょう。

1. J'ai invité <u>Thomas et Alice</u> chez moi.　　____________________.
2. Tu as écrit <u>cette lettre</u> ?　　____________________.
3. Nous avons vu <u>ce film</u>.　　____________________.
4. Elle a acheté <u>ces fleurs</u>.　　____________________.

3 quel / quelle / quels / quelles のいずれかを書きましょう。

1. __________ belle vue !　　2. __________ beau temps !
3. __________ magnifiques robes !　　4. __________ bons gâteaux !

4 近接過去の文にしましょう。

1. Je finis mon travail.　→ Je ____________________ mon travail.
2. Elle arrive à Bordeaux.　→ Elle ____________________ à Bordeaux.
3. Nous avons vingt ans.　→ Nous ____________________ vingt ans.
4. Vous téléphonez à Sylvie ?　→ Vous ____________________ à Sylvie ?

C'est l'appli OUI. sncf !

マリとドニが電車の切符を予約しています。 Mari et Denis réservent leur billet de train. 

Denis : On va réserver les billets de train ensemble.
Tiens, regarde l'application que j'ai installée sur mon portable. C'est l'appli OUI. sncf !

Mari : Montre-moi ça. Je n'en ai jamais entendu parler…

Denis : C'est une application qui permet d'acheter directement son billet depuis son portable.

Mari : Je trouve cette appli drôlement pratique !

Denis : Il y a un TGV demain à 10 heures 40 qui arrivera à Bordeaux à 12 heures 40.

Mari : Le trajet dure deux heures seulement ? C'est rapide !
Bon, on n'a qu'à prendre celui-là.

Activités

I Révision des nombres et de l'heure 数字と時間のふり返り 15

20	vingt	40	quarante	80	quatre-vingts
21	vingt et un	50	cinquante	81	quatre-vingt-un
22	vingt-deux	60	soixante	90	quatre-vingt-dix
30	trente	70	soixante-dix	91	quatre-vingt-onze
31	trente et un	71	soixante et onze	99	quatre-vingt-dix-neuf
32	trente-deux	72	soixante-douze	100	cent

Activité 1 時刻の言い方を復習しましょう。Demandez l'heure à votre voisin en utilisant les informations ci-dessous.

Quelle heure est-il ? – Il est… **11:20** **17:42** **23:18** **00:16**

Activité 2 乗車票を見て、以下の質問に答えましょう。Regardez le billet de train ci-dessous et répondez aux questions.

1. À quelle heure part le TGV ?
 ________________________________.
2. À quelle heure arrive le train ?
 ________________________________.
3. Le trajet dure combien de temps ?
 ________________________________.
4. Quel est le numéro du TGV ?
 ________________________________.
5. Quel est le numéro de la place ?
 ________________________________.

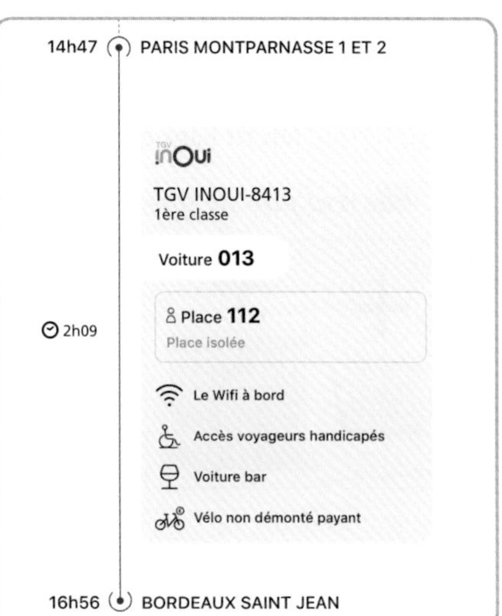

II Les pronoms relatifs « qui » et « que » 関係代名詞 « qui » と « que »

Activité 3 « qui » を入れて２つの文章を１つにつなげましょう。Relier les deux phrases avec « qui ».

例：*C'est <u>une application</u>. – <u>Cette application</u> permet d'acheter un billet.*
 → *C'est une application **qui** permet d'acheter un billet.*

1. C'est <u>un musée</u>. <u>Ce musée</u> est célèbre. →
2. Mari a <u>une cousine</u>. <u>Cette cousine</u> habite à Bordeaux. →
3. Denis a <u>un portable</u>. <u>Ce portable</u> coûte cher. →

Activité 4 « que » を入れて２つの文章を１つにつなげましょう。Reliez les deux phrases avec « que ».

例：*Le français est une langue. J'aime beaucoup cette langue.*

→ *Le français est une langue **que** j'aime beaucoup.*

1. C'est un restaurant. Mari connaît bien ce restaurant. →
2. C'est une appli. J'adore cette appli. →
3. Moe est une amie. Mari aime beaucoup cette amie. →

Ⅲ Le futur 未来のことを言う 16

Activité 5 音声を聞き、聞こえてきた未来形に印をつけましょう。

Écoutez les phrases et cochez les verbes qui sont au futur.

□ regarder	□ lire	□ faire	□ aller
□ avoir	□ se lever	□ se coucher	□ être

Activité 6 マリとドニは来年のことについて、いくつか決心をしました。以下の文を未来形を使って完成させましょう。Mari et Denis prennent des décisions. Qu'est-ce qu'ils feront l'année prochaine ? Complétez les phrases au futur. 17

例：*Elle fera plus de sport...*

Mari : L'année prochaine, je ________ (faire) plus de sport, je __________ (lire) plus, j' __________ (aller) au musée plus souvent.

Denis : L'année prochaine, je _______________ (regarder) moins la télé, je _______________ (se lever) plus tôt. Je _______________ (se coucher) moins tard.

あなたは来年どんなことをするつもりですか？ 隣の人にも聞きましょう。

Et vous, qu'est-ce que vous ferez l'année prochaine ?

Grammaire et exercices

I 関係代名詞 «qui», «que (qu')»

«qui»：関係節の主語にあたります。先行詞は人・ものどちらも可能。

C'est une application ***qui*** permet d'acheter son billet.
C'est un footballeur ***qui*** joue en Espagne.

«que (qu')»：関係節の直接目的語にあたります。先行詞は人・ものどちらも可能。

Regarde l'application ***que*** j'ai installée sur mon portable.
Ce sont les filles françaises ***que*** j'ai rencontrées à Paris.

II **単純未来**：未来の事柄、丁寧な命令（２人称に対して）などを表わします。

語幹 arriver→arrive- être→se- avoir→au- aller→i- venir→viend- faire→fe-
活用形：語幹＋活用語尾 (-rai / -ras / -ra / -rons / -rez / -ront)

arriver				être			
j'	arrive**rai**	nous	arrive**rons**	je	se**rai**	nous	se**rons**
tu	arrive**ras**	vous	arrive**rez**	tu	se**ras**	vous	se**rez**
il/elle	arrive**ra**	ils/elles	arrive**ront**	il/elle	se**ra**	ils/elles	se**ront**

III 中性代名詞 «en» (1)：de ＋ 名詞（もの）の代わりに用いられます。

Je n'ai jamais entendu parler de cette appli.
→ Je n'***en*** ai jamais entendu parler.
J'ai besoin de ce portable. → J'***en*** ai besoin.

Expressions

◆ trouver ＋ A（名詞）＋ B（形容詞）　「A を B と思う」
Je trouve cette appli pratique. = Je trouve que cette appli est pratique.

1 下線部に関係代名詞 qui / que (qu') のいずれかを入れましょう。

1. Quel est le titre du livre ______________ tu lis en ce moment ?
2. Nous prenons le train ______________ part à midi dix.
3. Qui est la dame ______________ tu viens de saluer ?
4. C'est un basketteur ______________ gagne des millions.

2 単純未来形にしましょう。

1. avoir　Mari ______________ vingt-deux ans dans deux mois.
2. chanter　Vous ______________ au concert de Noël ?
3. aller　J'______________ voir ce film la semaine prochaine.
4. être　Tu ______________ là, à la soirée de demain ?

3 下線部を < en > にして文を書き換えましょう。

1. Il n'est pas content de ce résultat. → ______________________________
2. Tu as besoin de mon aide ? → ______________________________

Comment ça marche ?

モンパルナス駅にて　À la gare Montparnasse 

Mari : Le train part de quelle voie ?

Denis : Regarde ! Il y a un grand panneau d'affichage où toutes les voies sont indiquées.

Mari : Ah, notre train pour Bordeaux part de la voie numéro 2 !

Denis : Sors ton téléphone portable de ton sac.
Il faut d'abord ouvrir l'application dont je t'ai parlé.

Mari : Et après, comment on fait ? Montre-moi comment ça marche.

Denis : Il faut juste placer le Flashcode de ton billet ici.

Mari : D'accord ! Je prépare mon billet électronique !

Activités

I Décrire un objet. ものの描写 19

Activité 1 音声を聞いて、繰り返しましょう。Écoutez et répétez.

a. これは何ですか？ 例：*Qu'est-ce que c'est ? – C'est...*

1. une carte bleue 2. un smartphone 3. un sac 4. un stylo 5. un verre

b. これは何に使いますか？ 例：*Ça sert à quoi ? – Ça sert à…*

plein de choses | porter des choses | payer | écrire | travailler | boire | téléphoner | envoyer des messages | consulter internet

c. 何でできていますか？ 例：*C'est en quoi ? – C'est...*

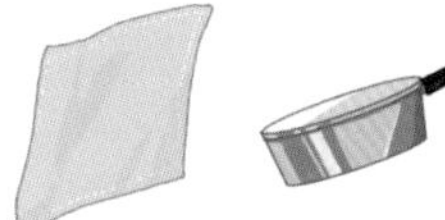  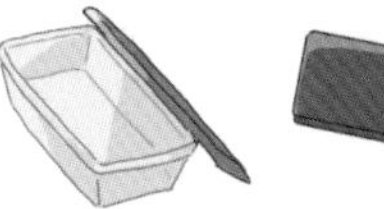   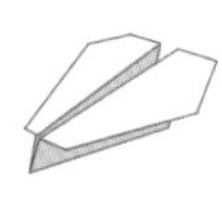 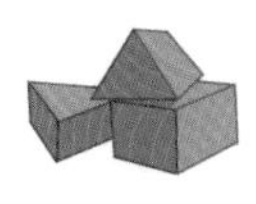

en tissu en métal en plastique en cuir en verre en papier en bois

d. どんな形ですか？ 例：*Ça a quelle forme ? – C'est...*

rond carré rectangulaire de forme allongée de forme cylindrique

Activité 2 音声を聞いて、なぞなぞに答えましょう。Écoutez et trouvez de quel objet il s'agit.

例：*C'est en plastique, c'est de forme rectangulaire, ça sert à payer. Qu'est-ce que c'est ?*
– C'est une carte de crédit. 20

1. ______________________________.
2. ______________________________.
3. ______________________________.

Ⅱ Explique avec « où » et « dont » «où» と «dont» を使って説明する 

Activité 3 « où » を使って、何を買うお店か説明しましょう。Faites des phrases avec « où » pour expliquer ce qu'on peut acheter dans les magasins ci-dessous.

例：*Une pâtisserie est un endroit **où** on peut acheter des gâteaux.*

例 
pâtisserie (*f.*)

1. 
librairie (*f.*)

2. 

boulangerie (*f.*)

3. 
kiosque (*m.*)

4. 

pharmacie (*f.*)

gâteaux (*m. pl.*)

journaux (*m. pl.*)

livres (*m. pl.*)

baguettes (*f. pl.*)

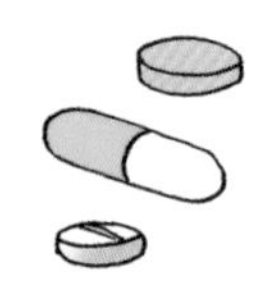
médicaments (*m. pl.*)

Activité 4 « dont » を使って、１つの文にしましょう。
Reliez les deux phrases avec le pronom relatif « dont ».

例：*J'ai <u>un ami</u>. <u>La femme de cet ami</u> est ingénieure.*
→ *J'ai un ami **dont** la femme est ingénieure.*

1. J'ai <u>un ami</u>. <u>Le père de mon ami</u> est boulanger. →
2. J'ai <u>une sœur</u>. <u>Le mari de ma sœur</u> est libraire. →
3. J'ai <u>un collègue</u>. <u>Le frère de mon collègue</u> est pâtissier. →

Ⅲ Comment ça marche ? ものの機能を説明する

Activité 5 電車の切符を購入します。イラストを参考に、動詞を入れて文章を完成させましょう。
Comment acheter un billet de train ? Complétez le texte ci-dessous en vous aidant de la liste des verbes proposés.

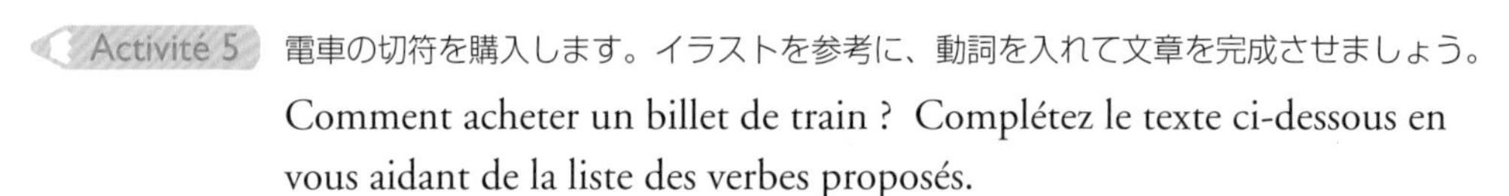

créer

appuyer

télécharger

payer

sélectionner

Pour acheter un billet de train, il faut d'abord ______________ l'application sur son smartphone. Vous ________________________ sur l'icône pour l'ouvrir.
Puis vous devez ______________ un identifiant et un mot de passe. Ensuite, vous ______________ la date et l'heure de votre train. Enfin, il faut ______________ par carte bleue.

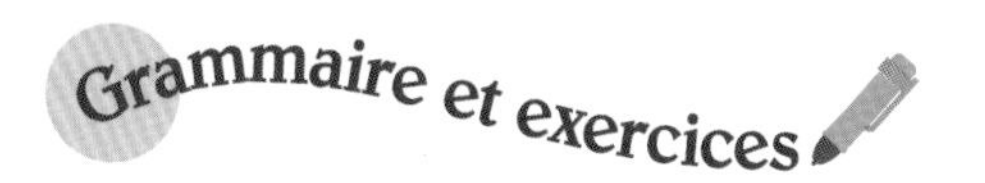

I 関係代名詞 (2) «où», «dont»

«où»：先行詞は、場所や時を表す名詞。

C'est un grand panneau ***où*** toutes les voies sont indiquées.
Je me souviens des jours ***où*** j'étais heureux.

«dont»：前置詞 de を含む関係代名詞。先行詞は、人・ものどちらも可能。

C'est l'application ***dont*** je t'ai parlé.
(← Je t'ai parlé ***de cette application***.)
C'est le garçon ***dont*** le père est œnologue. (← le père ***de ce garçon***)

II 受動態：être ＋ 他動詞の過去分詞　par ＋ 動作主

On *indique* toutes les voies sur ce grand panneau.
→ Toutes les voies ***sont indiquées***...
Alice *invite* Mari et Denis à dîner.
→ Mari et Denis ***sont invités*** à dîner ***par*** Alice.

III 形容詞 tout [toute / tous / toutes]

tout le monde / ***toute*** la matinée / ***tous*** mes amis / ***toutes*** ces fleurs

Expressions

◆ ***Il faut*** ouvrir l'application. ***Il faut*** beaucoup de temps pour faire ça.

1 où / dont のいずれかを書き入れましょう。

1. C'est le jour _______ je t'ai vue pour la première fois.
2. C'est le livre _______ tu as besoin ?
3. C'est la ville _______ nous sommes nés.
4. C'est le film _______ on parle beaucoup.

2 受動態の文に書き換えましょう。

1. L'avion transporte les voyageurs. → ______________________________.
2. On fabrique des montres ici. → ______________________________.

3 tout / toute / tous / toutes を書き入れましょう。

1. Je lui téléphone _________ les jours.
2. Hier, il a plu _________ la journée.
3. _________ ces filles sont très jolies.
4. Il lit des mangas _________ le temps.

4 il est / il y a / il fait / il faut のいずれかを書き入れましょう。

1. _________ trois heures et demie.
2. Aujourd'hui _________ très chaud.
3. _________ combien d'œufs dans le frigo ?
4. _________ prendre un taxi pour arriver à l'heure.

Nous voilà à Bordeaux !

ボルドーの駅で　À la gare de Bordeaux 

Denis : Ça y est, nous voilà à Bordeaux.

Mari : Tu pourrais m'indiquer où est l'arrêt minute ?
Ma cousine Alice doit venir m'y chercher.

Denis : Là-bas, au bout du couloir, tu tournes à droite.
Je t'accompagne ?

Mari : Non, ne t'inquiète pas ! Je peux me débrouiller toute seule.

Denis : OK, je dois y aller ! On se voit demain ?

Mari : D'accord, mais dis, où est-ce que tu loges ?

Denis : J'ai loué un appartement dans le centre-ville.
Je suis en colocation. J'y vais en tram.

Mari : À bientôt Denis ! On s'appelle !

Activités

I Les lieux dans la ville 街にある建物の場所 24

Activité 1 聞こえてきた冠詞を書きましょう。Écoutez et écrivez le déterminant entendu : **un, une, des / le, la, les / ce (cet), cette, ces.**

… musée

… poste

… boulangerie

… librairie

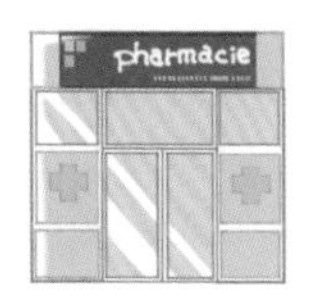

… pharmacie

… gare

… mairie

… banque

… hôpital

… église

II Le pronom « y » 代名詞 « y » 25

Activité 2 行動にあう場所をみつけ、番号を入れましょう。Associez les lieux de la ville à leur définition, en numérotant les illustrations.

1. On y va pour acheter du pain.
2. On y va pour poster une lettre.
3. On y va pour prendre le train.
4. On y va pour retirer de l'argent.

☐ 

☐ 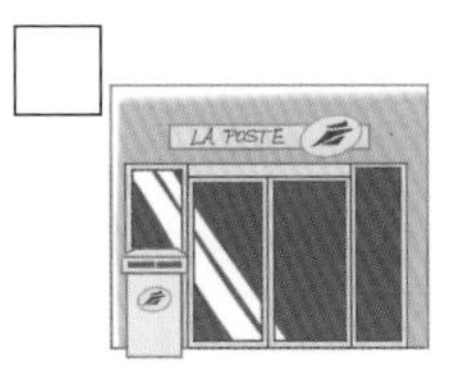

☐ 

☐ 

III S'orienter / se repérer 方向を表す言い方 26

Activité 3 音声を聞いてイラストに合う言葉を選びましょう。Écoutez et écrivez les locutions de localisation que vous entendez dans le liste suivante.

1. près de
2. loin de
3. au bout de
4. en face de
5. jusqu'à
6. à droite de
7. à gauche de
8. tout droit

☐ 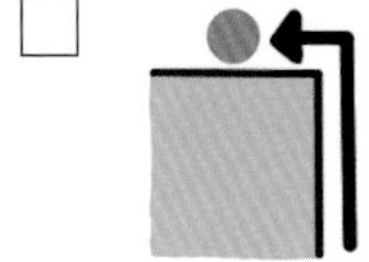
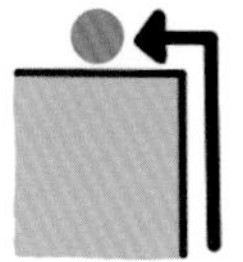

☐ 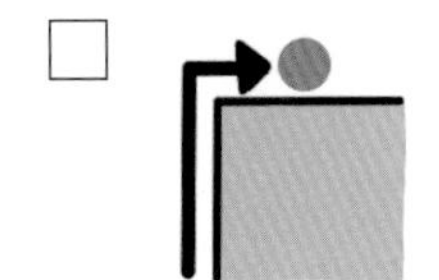

☐ 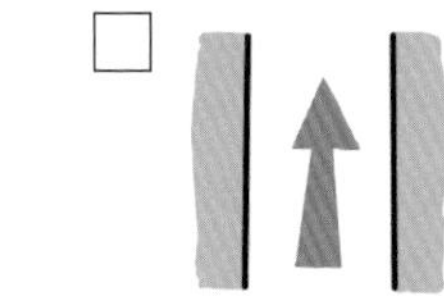

☐ 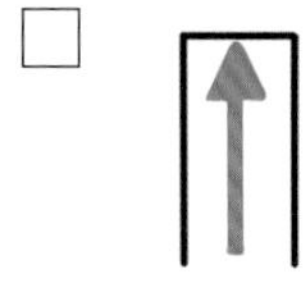

☐ 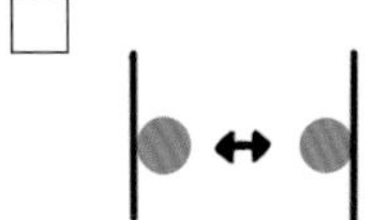

☐ 

☐ 

☐ 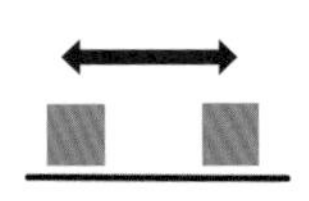

☐ 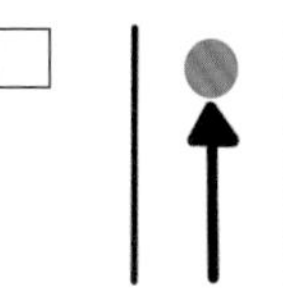

Activité 4 地図を見ながら、１から３の会話を聞き、目的地までのルートを線で示しましょう。

Écoutez les dialogues en regardant le plan ci-dessous et tracez le chemin jusqu'au lieu indiqué. 27

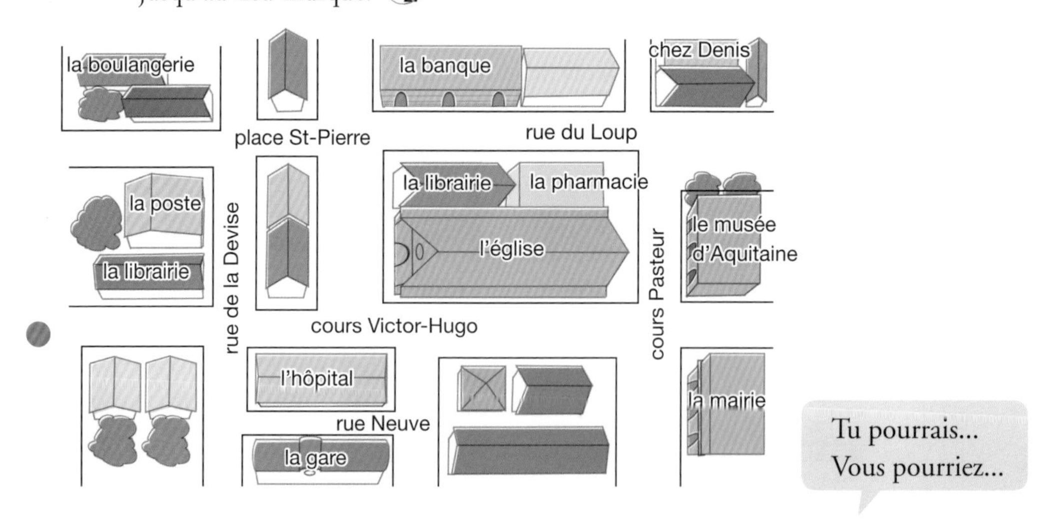

1. Pardon Monsieur, **vous pourriez m'indiquer où** est la gare, s'il vous plaît ?
   – **Tournez à** la **première rue à droite**. C'est **en face de** l'hôpital.
2. Pardon Madame, **il y a** une banque **près d'ici** ?
   – Oui, **prenez la deuxième rue à gauche** et **continuez** jusqu'à la place Saint-Pierre.
3. Pardon Mademoiselle, je **cherche** le musée d'Aquitaine.
   – **Allez tout droit**, c'est **au bout de** la rue, à gauche.

Activité 5 指示の通りの道順をえらびましょう。Choisissez les directions correspondant à chaque schéma, puis reportez le numéro dans la case. 28

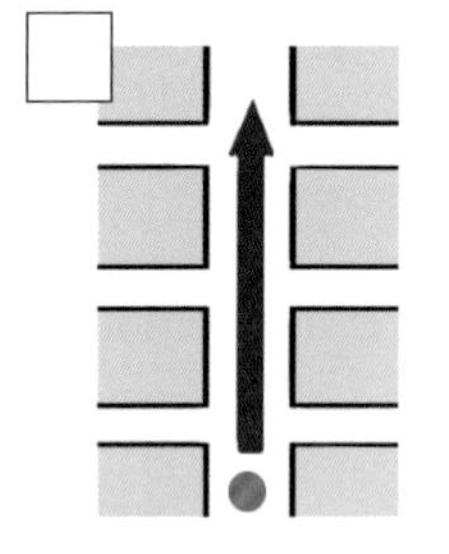
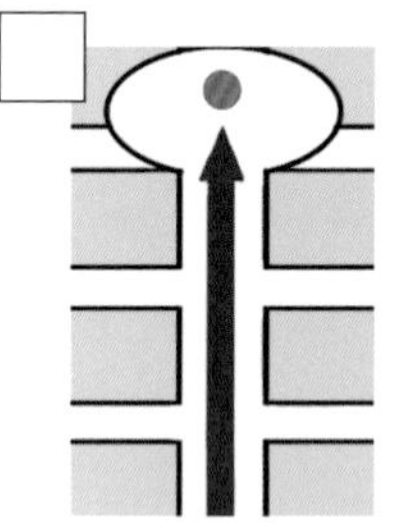
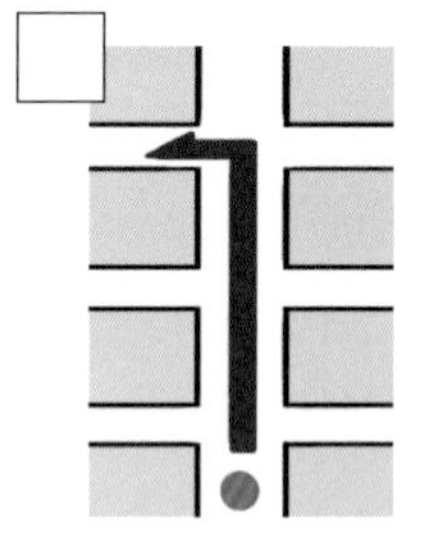
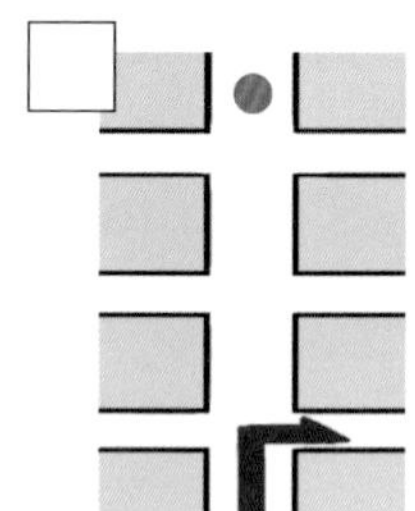

1. Tournez à la première rue à droite.
2. Tournez à la troisième rue à gauche.
3. Continuez jusqu'au bout de la rue.
4. Allez tout droit.

Activité 4 の地図を見ながら、例にならって道をたずねましょう。

Demandez votre chemin. À deux, regardez le plan de l'activité 4 et demandez où est ... (*la pharmacie, la mairie, la poste*).

例：*Pardon, Monsieur, vous pourriez m'indiquer où est le musée ?*

Grammaire et exercices

I 中性代名詞 « y »：à [dans / en / chez / sur] ＋ 場所の代わりをします。

Alice doit venir m'*y* chercher. (y = à l'arrêt minute)
Il est dans le jardin. → Il ***y*** est.
中性代名詞と補語人称代名詞を併用する場合は〈補語人称代名詞＋中性代名詞〉の語順になります。　Alice doit venir ***m'y*** chercher.（私を＋そこに）

II 条件法 (1)：語調を和らげ、ていねいな言い方になります。

pouvoir : je pour***rais*** / tu pour***rais*** / il/elle pour***rait*** / vous pour***riez***
vouloir : je voud***rais*** / tu voud***rais*** / il/elle voud***rait*** / vous voud***riez***

Tu ***pourrais*** m'indiquer où est l'arrêt minute ?
Je ***voudrais*** parler à monsieur Gaillard.

III 代名動詞の相互的用法「互いに〜する」

On ***se voit*** demain.　On ***s'appelle***.

IV 代名動詞の否定命令形

Tu ***t'***inquiètes.	Inquiète-***toi***. (te → toi)	Ne ***t'***inquiète pas
Vous ***vous*** asseyez.	Asseyez-***vous***.	Ne ***vous*** asseyez pas.

Expressions

◆ allée (*f.*) 並木道　avenue (*f.*)（並木のある）大通り　boulevard (*m.*) 環状道路
cours (*m.*) 大通り　place (*f.*) 広場　rue (*f.*) 道

1 下線部を < y > を使って書き換えましょう。

1. Elle est dans son appartement. ____________________
2. Allons au café. ____________________
3. Vous n'habitez pas à Paris. ____________________
4. Ne va pas chez Paul. ____________________

2 条件法を用いた丁寧な表現に書き換えましょう。

1. Je *veux* un café. → ____________________
2. Je *peux* avoir un verre d'eau ? → ____________________
3. *Pouvez*-vous signer ici ? → ____________________
4. *Voulez*-vous fermer la porte ? → ____________________

3 代名動詞の現在形を書きましょう。

1. se voir　Ils __________ demain.
2. s'appeler　Nous __________ souvent.
3. s'aimer　Vous __________ ?
4. se faire la bise　On __________ la bise ?

Ça fait longtemps !

アリスとトマの家で　Chez Alice et Thomas 

Alice : Entre, Mari. Je suis tellement contente de te revoir !

Mari : Moi aussi. Ça fait longtemps !
La dernière fois, c'était au Japon, il y a au moins deux ans !
Mais dis donc, il est super ton appartement ! Tu vis seule ici ?

Alice : Non, j'habite ici avec mon copain depuis un an.
Tiens, justement le voilà !

Thomas : Bonjour Mari ! Moi, c'est Thomas. On se fait la bise ?
Je suis content de faire enfin ta connaissance. Alice m'a beaucoup parlé de toi.

Mari : Ravie de te connaître, Thomas. Merci de m'accueillir chez vous pendant les vacances.

Activités

I Présenter quelqu'un 人を紹介する 30

Activité 1 マリが友達をドニに紹介します。Mari の紹介に対して正しい Denis の反応をむすびましょう。Mari présente des personnes à Denis. Associez les présentations et les réponses.

Mari

1. C'est Claire, une amie de ma cousine Alice. ●
2. Je te présente Thomas. C'est le copain d'Alice. ●
3. Je te présente Monsieur Martin. C'est mon directeur. ●
4. Je te présente la mère de ma cousine Alice. ●

Denis

● a. Bonjour Monsieur. Enchanté de faire votre connaissance.

● b. Ravi de te connaître, Thomas. Moi, c'est Denis.

● c. Bonjour Madame. Ravi de vous connaître.

● d. Salut Claire. Moi, c'est Denis. Ravi de te connaître.

II Le logement 住居 31

Activité 2 音声を聞いて、番号を入れましょう。Associez les pièces de l'appartement avec les mots proposés.

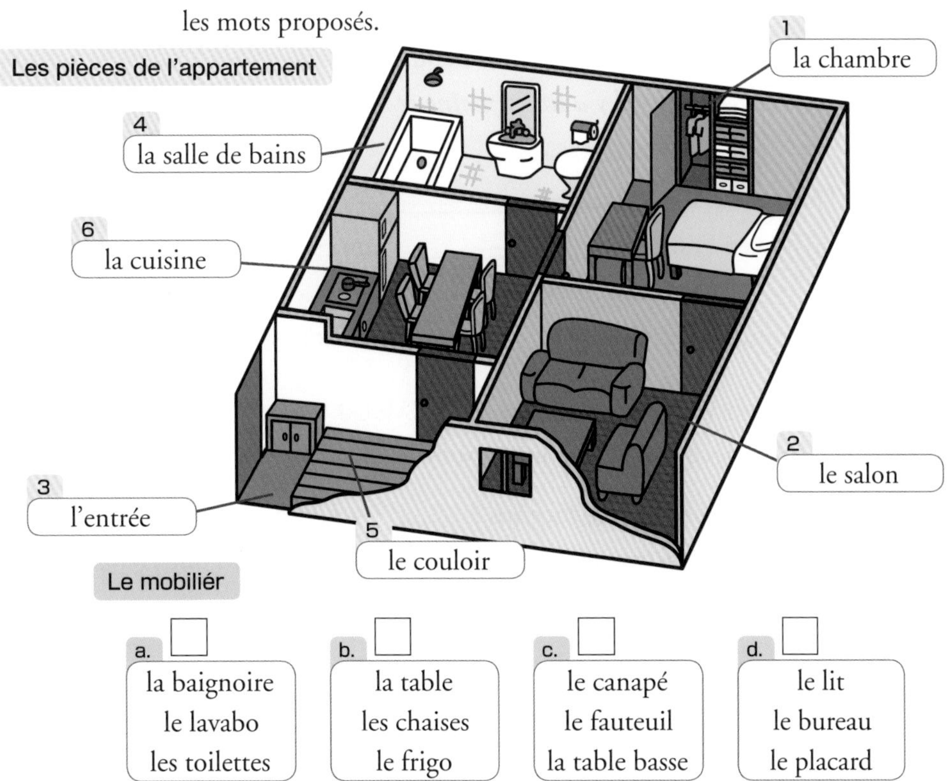

Activité 3 **a.** アパートメントの説明を聞き、どちらがアリスのアパートメントかを選びましょう。
Alice fait visiter son appartement à Mari. Écoutez la description et choisissez le plan correspondant. 32

b. 選ばなかった方のアパートメントを説明しましょう。Décrivez l'autre logement.
（Leçon 5 Activité 3 参照）

La cuisine est... ____

____

1.

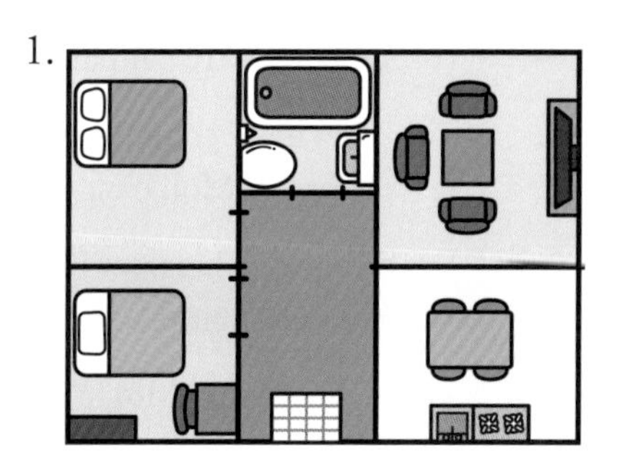

2.

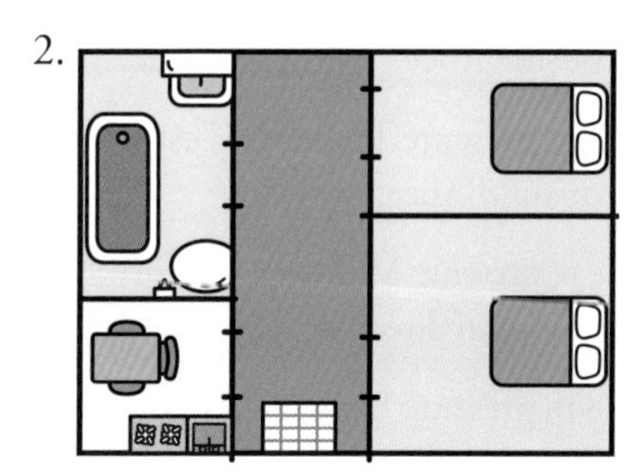

Ⅲ « depuis », « il y a » « depuis », « il y a » を使った表現 33

Activité 4 空欄に « depuis » か « il y a » を入れて、文を完成させましょう。Complétez les phrases avec « depuis » ou « il y a ».

例 1 : *J'habite ici **depuis** 10 ans.* （現在形 + depuis）

例 2 : *J'ai acheté ce téléphone **il y a** une semaine et il ne marche plus.*
（複合過去形 + il y a）

1. Alice et Thomas habitent ensemble ______________ un an.
2. Mari est arrivée en France __________________ une semaine.
3. _____________ quand habites-tu ici ?
4. J'ai acheté cet ordinateur portable ____________ deux mois et il ne marche plus.

« depuis » と « il y a » を使って、次の質問を隣の人にしましょう。
À deux, posez les questions suivantes à votre voisin en utilisant « depuis » et « il y a ».

例 : *Depuis quand étudiez-vous le français ?* – *J'étudie le français depuis...*
Il y a combien de temps que vous habitez ici ? – *Il y a... ans que j'habite ici.*

Grammaire et exercices

I voilà と補語人称代名詞 (me / te / le / la / les ...)

Voilà Denis. → ***Le*** voilà. ほら見て、彼だよ！ Voilà Mari. → ***La*** voilà.
Me voilà.　***Nous*** voilà.

II 形容詞の副詞化：通常は女性単数形の語尾に « -ment » をつけます (a)。

(a-1) général (générale) → généralement
(a-2) profond (profonde) → profondément
(b) juste → justement
(c) apparent → apparemment　/　courant → couramment
(d) gentil → gentiment / bref → brièvement

Expressions

◆ 前置詞 «de»：形容詞などの補語を導く用法。
être content [ravi/heureux] ***de*** ... / merci ***de*** ...

◆ Ça fait longtemps ! = ***Ça fait*** longtemps ***qu'***on ne s'est pas vus !
Ça fait… que… 「…してから（…しなくなって）…（時間）になる」

◆「～前に」***il y a*** deux jours（起点は〈いま〉） *cf.* deux jours ***avant***（起点は〈いま〉以外）

◆「～から」***depuis*** l'année dernière（起点は過去）
à partir de demain（起点は過去以外）

1 下線部に補語人称代名詞を記入しましょう。

1. Votre passeport, s'il vous plaît. – _______ voilà.
2. Alice est là ? – _______ voilà.
3. Où sont tes cousines ? – _______ voilà.
4. Tu es où, Mari ? – _______ voilà.

2 以下の形容詞を副詞に換えましょう。

1. habituel (a-1) _______________　　2. probable (b) _______________
3. précis (a-2) _______________　　4. récent (c) _______________

3 例にならい言い換えましょう。

例：Nous *sommes* à Bordeaux. → Nous sommes contents *d'être à Bordeaux.*
1. Je te *connais.*　　Je suis ravi ___________________________________.
2. Tu m'*invites.*　　Merci ______________________________________.

4 < depuis / il y a / à partir de > のいずれかを記入しましょう。

1. J'ai rencontré Théo _____________ un an.
2. Elle habite à Bordeaux _____________ deux ans.
3. Je ferai de mon mieux _____________ demain.

Au marché bio !

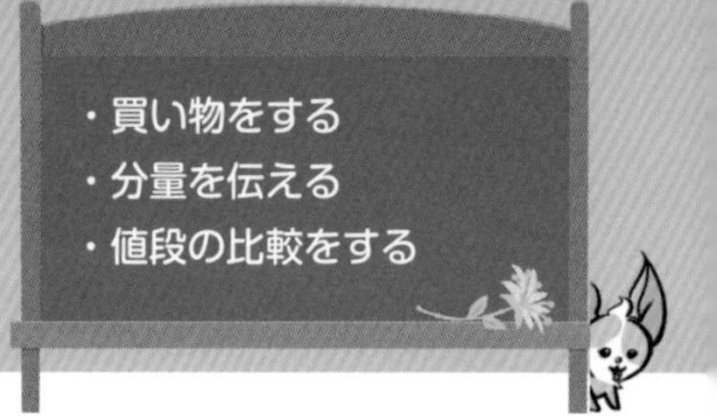

Dialogue 1 数日後、市場で Quelques jours plus tard, au marché

Denis : Est-ce qu'il y a des marchés bio au Japon ?

Mari : Non, je ne crois pas. En tout cas, quand j'étais au Japon, je n'en ai pas vu.

Denis : Tu vas voir, la qualité des produits qu'on trouve ici n'a rien à voir avec celle des supermarchés !

Dialogue 2 Chez le fromager

Une cliente : Je pourrais avoir un peu d'emmental, s'il vous plaît ?

Le fromager : Oui, vous en voulez combien ?

Une cliente : J'en voudrais 200 grammes, s'il vous plaît !

Le fromager : Voilà. Ça vous fera 3 euros 50.

Activités

I Les produits du marché 市場で売っているもの 35

Activité 1 音声を聞いて、リピートしましょう。Écoutez et répétez.

pomme(s) (*f.*)
2,50 euros le kilo

pomme(s) de terre (*f.*)
2 euros le kilo

chou (*m.*)
1 euro la pièce

yaourt(s) (*m.*)
1,50 euro le pack de 6

riz (*m.*)
2 euros le kilo

œuf(s) (*m.*)
2,65 euros la douzaine

emmental (*m.*)
6,50 euros le kilo

vin rouge (*m.*)
7,50 euros la bouteille

confiture de fraises (*f.*)
1,25 euro le pot

lait (*m.*)
1 euro le litre

huile (*f.*)
2,79 euros la bouteille

sucre (*m.*)
0,65 euro le kilo

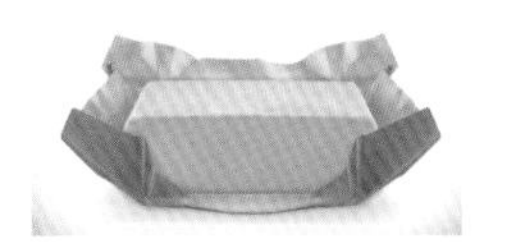
beurre (*m.*)
1,20 euro la plaquette

bifteck (*m.*)
5,30 euros

farine (*f.*)
1,55 euro le kilo

eau minérale (*f.*)
0,50 euro la bouteille

II les quantités 分量表現 36

Activité 2 量とものをむすびあわせましょう。Associez une quantité à un produit.

bouteille

boîte

paquet

pot

litre

1. une bouteille de •	• a. lait
2. deux kilos de •	• b. riz
3. un paquet de •	• c. gâteaux
4. une boîte de •	• d. vin
5. un litre de •	• e. confiture
6. un pot de •	• f. spaghettis

beaucoup de ...
trop de ...
un peu de ...

Activité 3 p.32 の dialogue 2 を参考にイラストをみながら、会話をしてみましょう。

À l'aide des illustrations et du dialogue 2, imaginez une conversation.

1

2

3

p.33 を参考に他のものでもやってみましょう。

Faites vos courses. Imaginez de petits dialogues à l'aide de la page 33.

III Comparer les prix 値段の比較 37

Activité 4 以下の商品の日本での値段を書き入れ、例のように２人で会話をしましょう。À deux, notez les prix au Japon et créez des dialogues à l'aide des éléments ci-dessous.

例：*A : Combien coûte une baguette en France ?*

B : En France, une baguette coûte 1,10 euro. Et au Japon ?

A : Au Japon, ça coûte environ 230 yens.

B : Ah bon ? C'est / plus cher / ~~moins cher~~ / ~~aussi cher~~ / qu'en France.

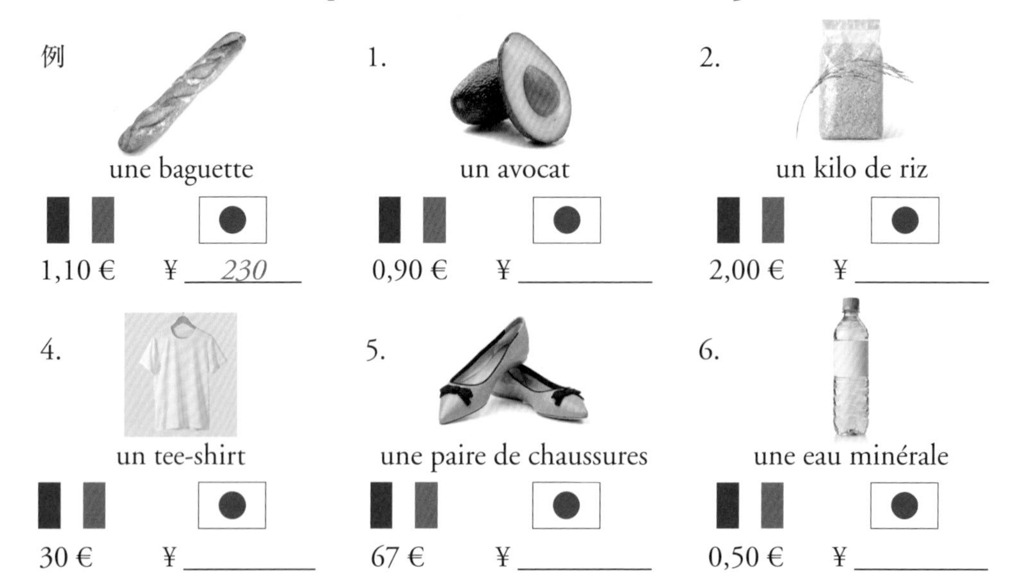

Grammaire et exercices

I 中性代名詞〈en〉：不特定の名詞（un / du / de ...+ 名詞）の代わりをします。

Vous voulez combien ***d'emmental*** ? → Vous ***en*** voulez combien ?
Je voudrais 200 grammes ***d'emmental***. → J'***en*** voudrais 200 grammes.

II 性数変化する指示代名詞

m.s.	*f.s.*	*m.pl.*	*f.pl.*
celui	celle	ceux	celles

la qualité (des produits) des supermarchés
→ ***celle*** des supermarchés

Expressions

1. 単純未来を使って、少していねいなニュアンスを表すこともあります。
   Ça vous ***fait*** 3,50 euros. → Ça vous ***fera*** 3,50 euros.
   C'***est*** tout ? → Ce ***sera*** tout ?
2. 数・量の表現
   beaucoup de [***assez de*** / ***trop de*** / ***peu de***] pommes / vin（数・量とも）
   quelques pommes（少数の～）　***un peu de*** vin（少量の～）
3. ユーロの読み方
   3,50 euros = trois euros cinquante
   0,90 euro = quatre-vingt-dix centimes

1 イタリック体の部分を中性代名詞 < en > を使って文を書き換えましょう。

1. Il faut combien *de baguettes* ? → ________________________.
2. Il faut deux *baguettes*. → ________________________.
3. Il y a beaucoup *de châteaux*. → ________________________.
4. Il n'y a pas *de lait*. → ________________________.

2 下線部を指示代名詞に書き換えましょう。

1. C'est le portable de Mari. Ce n'est pas *le portable* d'Alice. [　　]
2. Les vins de Bordeaux sont meilleurs que *les vins* de la Loire. [　　]
3. Au Japon, les vacances d'été sont plus longues que *les vacances* d'hiver. [　　]
4. Montrez-moi *la montre* qui est en vitrine. [　　]

3 < quelques / un peu de / peu d' / beaucoup de > のいずれかを書きましょう。

1. Elle est revenue il y a __________ jours.
2. Mon père boit __________ whisky chaque soir.
3. En France, il y a __________ sortes de fromage.
4. J'ai __________argent sur moi. Donc je ne peux pas t'inviter aujourd'hui.

LA VILLE DE BORDEAUX ボルドー市街

Gare de Bordeaux St-Jean

La place de la Bourse

Bordeaux est une ville dans le sud-ouest de la France où passe la Garonne.
Située à proximité de la mer (80 km) et de la montagne, (350 km), Bordeaux est une ville très touristique.
La capitale de la région Nouvelle-Aquitaine est réputée pour ses vignobles, ses monuments et son architecture du XVIIIe siècle.

Anciennement appelée Burdigala, cette ville compte 250 000 habitants. Il est très facile de se déplacer avec le tram, le bus, le train (gare Saint-Jean) ou l'avion (aéroport de Bordeaux-Mérignac).

Vignobles

Monuments aux Girondins

La Grosse Cloche

Le tram devant le Grand-Théâtre

1 Bordeaux, c'est où ?

Expliquez où se trouve Bordeaux. ボルドーの位置を説明しましょう。

2 Vrai ou faux ?

上の文章の内容について、以下の文があっている場合は vrai、間違っている場合は faux に丸をつけましょう。

– Bordeaux est situé dans le sud-est de la France. vrai / faux
– Bordeaux est une ville au bord de la mer. vrai / faux
– Le fleuve qui traverse Bordeaux s'appelle la Garonne. vrai / faux
– À Bordeaux, il y a le tram, le bus et le métro. vrai / faux
– Bordeaux est célèbre pour son architecture du XVIIIe siècle. varai / faux

LES QUARTIERS DE BORDEAUX ボルドーの地区

La Victoire
Le quartier de la Victoire est le quartier étudiant de Bordeaux. Il y a beaucoup de cafés, de brasseries et de studios pour les étudiants. C'est un quartier jeune et dynamique où les Bordelais peuvent faire la fête.

Saint-Pierre
Le quartier Saint-Pierre est également appelé quartier du Vieux Bordeaux. Il y a beaucoup de restaurants branchés, de jolies boutiques et de bars à vin. C'est un quartier chic où les Bordelais peuvent se retrouver pour boire un verre ou aller au restaurant. C'est très animé le soir.

Saint-Michel
Le quartier Saint-Michel est un quartier cosmopolite, c'est-à-dire multiculturel. On peut y trouver de petites épiceries et des marchés. C'est un quartier où on peut faire des courses et acheter de bonnes choses à manger à moindre prix.

3 Répondez aux questions suivantes : 次の質問に答えましょう。

– Quel est l'ancien nom de Bordeaux ?
– Dans quelle région se trouve Bordeaux ?
– Combien y a-t-il d'habitants à Bordeaux ?
– Quels sont les moyens de transport à Bordeaux ?
– Comment s'appelle la gare de Bordeaux ?

4 Communiquez !

Et vous, comment est votre quartier ? 自分の街について、隣の人と話しましょう。

5 Vrai ou faux ?

上の文章の内容について、以下の文があっている場合は vrai、間違っている場合は faux に丸をつけましょう。

– Le quartier de la Victoire est multiculturel. vrai / faux
– Le quartier Saint-Pierre est un quartier historique. vrai / faux
– Le quartier Saint-Michel est un quartier très commerçant. vrai / faux
– Le quartier Saint-Pierre est un quartier étudiant. vrai / faux

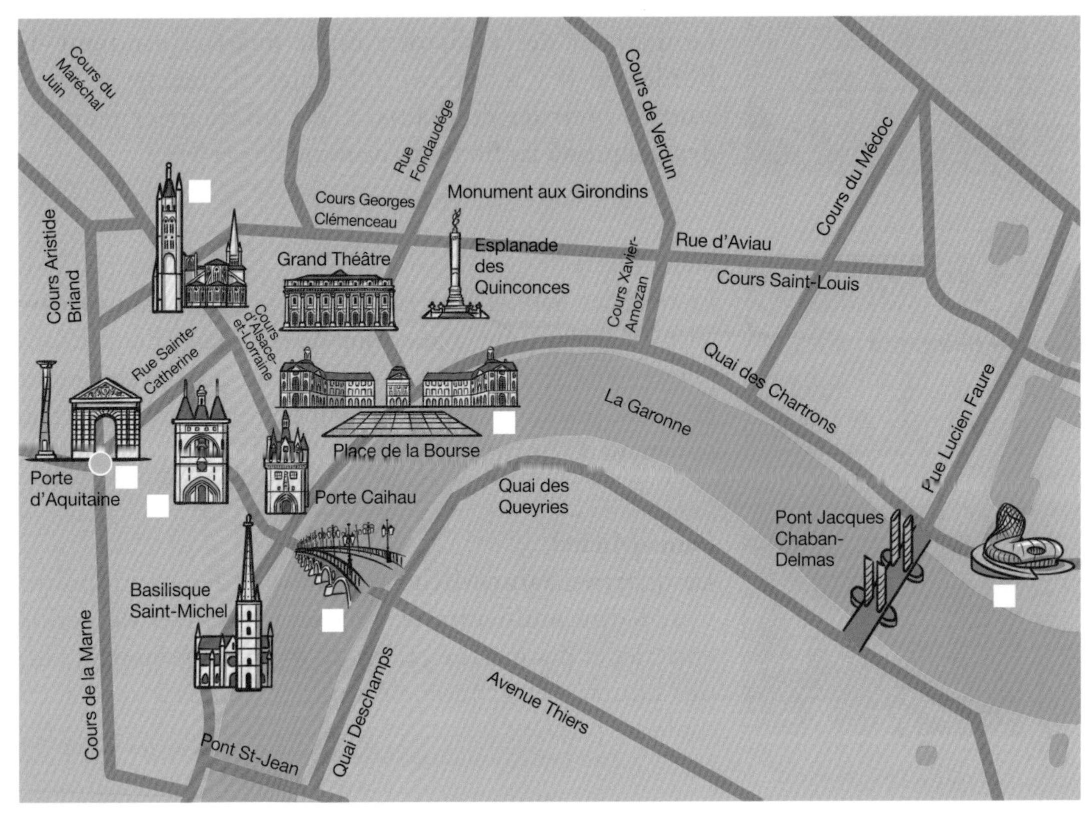

Regardez le plan de Bordeaux ci-dessus et localisez les monuments suivants :

ボルドーの地図を見て、以下の名所の位置を確認しましょう。

1. La cathédrale Saint-André
2. La place de la Victoire
3. La Grosse Cloche
4. Le miroir d'eau
5. La Cité du Vin
6. Le pont de pierre

FRÉRO DELAVEGA, DES CHANTEURS DE BORDEAUX

Fréro Delavega est un duo composé de deux musiciens-chanteurs originaires de Gironde, Jérémy Frérot et Florian Delavega.
Dans leur chanson « Mon Petit Pays » le groupe Fréro Delavega exprime son mal du pays. Le clip est filmé à Bordeaux et dans sa région.

Écrivez une carte postale !

Lisez la carte postale de Denis. À votre tour, écrivez une carte postale de Bordeaux à un ami. ドニの絵葉書を読みましょう。そして自分の友達へ向けて、フランス語で絵葉書を書きましょう。

Je ne me sens pas bien !

医者のところへ　Chez le médecin 

Le médecin : Bonjour Mademoiselle ! Que puis-je faire pour vous ?

Mari : Docteur, je ne me sens pas bien.
J'ai mal à la gorge et j'ai de la fièvre, depuis hier soir.

Le médecin : Je vais vous examiner. Respirez profondément. Ouvrez grand la bouche. Effectivement, la gorge est bien rouge. C'est un virus ! Je vais vous faire une ordonnance.

Mari : Mince ! Si je suis malade, je ne pourrai pas sortir demain.

Le médecin : Si, il faut juste vous reposer ce soir. D'ici quelques jours, vous serez guérie. Je vous prescris une boîte de paracétamol et des pastilles pour la gorge.

Activités

I Parler de son corps 身体について 39

Activité 1 **a.** ことばと体の部位を線でむすびましょう。Reliez les mots avec les parties du corps.

b. 例にならって質問しあいましょう。À deux, posez des questions sur les parties du corps.

例：*Où est ton nez ?* *– Ici... Où est ta tête ?* *– Ici…*

II Les symptômes et les maladies 症状と病気 40

Activité 2 音声を聞いて、繰り返しましょう。Écoutez et répétez.

avoir de la fièvre　　tousser

avoir des allergies

avoir des nausées

se sentir mal　　avoir la grippe

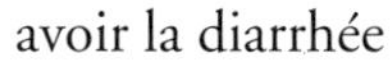

avoir la diarrhée

se blesser

Les médicaments

un sirop

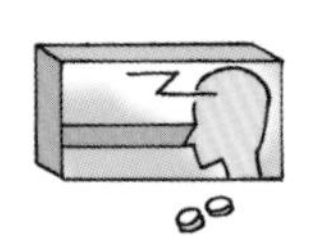

du paracétamol

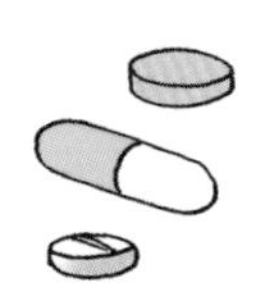

un antibiotique

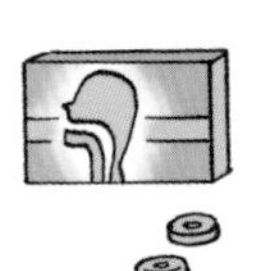

des pastilles (pour la gorge)

Ⅲ La douleur et la maladie 痛みと病気 41

Activité 3 どこが痛いかを書きましょう。Écoutez et écrivez où ils ont mal.

例：*Qu'est-ce qui ne va pas ?*
– Il a mal à la tête.

avoir mal **à** + **la** tête (féminin)
avoir mal **au** cou (à + le = au) (masculin)
avoir mal **aux** pieds (à+les = aux) pluriel

1. Il a mal ________ 2. Il a mal ________ 3. Il a mal ________ 4. Il a mal ________

Activité 4 あなたは医師です。患者を診断し薬を処方しましょう。Vous êtes le médecin, faites le diagnostic et prescrivez des médicaments.

例：*Alexis a mal à la gorge.*
Le médecin dit : « C'est un virus. Je vous prescris un sirop pour la toux. »

Mari se sent mal. Elle a mal partout. Elle a beaucoup de fièvre.
Le médecin dit : ______________________________

p.40 の dialogue を参考に医者と患者の会話を隣の人とやってみましょう。
À deux, imaginez un dialogue avec le médecin.

Ⅳ La probabilité avec « si » + présent + futur

もし～ならば、～だろう。 

Activité 5 例にならって文章をつくってみましょう。Reliez les éléments et faites des phrases.

例：*être malade (je)* ● —— ● *ne pas pouvoir sortir demain*

1. ne pas réussir ses examens (nous) ● ● pouvoir prendre l'avion
2. arriver à temps (tu) ● ● ne pas pouvoir entrer à l'université
3. se reposer (vous) ● ● prendre des photos pour son blog
4. visiter Bordeaux avec Denis (elle) ● ● être guéri(e) d'ici une semaine

例：*Si je suis malade, je ne pourrai pas sortir demain.*

1. ______________________________.
2. ______________________________.
3. ______________________________.
4. ______________________________.

Grammaire et exercices

I 疑問代名詞 «que»「何を～？」

Que puis-je faire ? 改まった言い方
Qu'est-ce que je peux faire ? 標準的な言い方
Je peux faire ***quoi*** ? くだけた言い方

II Si ＋ 現在形（＝実現性の高い未来の仮定）, 単純未来（＝その仮定に基づく結果）

Si je ***suis*** malade, je ne ***pourrai*** pas sortir demain.

III 縮約：à + le → ***au*** / à + les → ***aux*** / de + le → ***du*** / de + les → ***des***

J'ai mal ***au*** dos [***aux*** pieds / ***à la*** gorge / ***à l'***estomac].
C'est loin ***du*** marché [***des*** Invalides / ***de la*** gare / ***de l'***école].

Expressions

◆ Puis-je... ? = Est-ce que je peux... ? / *Je peux... ?* の改まった言い方
◆ ***d'ici*** quelques jours「数日のうちに」*cf.* ***dans*** quelques jours「数日後に」
◆ juste「～（する）だけ」Il faut *juste* ...「～するだけでよい」

1 正しい形を選びましょう。

1. Si Alice (vient / viendra), Thomas viendra aussi.
2. Quand on (arrive / arrivera) à la gare, on appellera Sylvie.
3. S'il (fait / fera) beau demain, on pourra aller pique-niquer.
4. Quand je /j' (vais / irai) en France, je visiterai le musée du Louvre.

2 < dans / d'ici / depuis > のいずれかを書き入れましょう。

1. Pierre partira de Bordeaux ________ deux jours.
2. Romieu arrivera ________ samedi.
3. Il fait très beau ________ une semaine.

3 < que / qu'est-ce que / quoi / qui > のいずれかを記入しましょう。

1. ________ tu fais comme sport ? – Je fais du judo.
2. C'est ________ ? – C'est Alice, ma cousine.
3. Tu vas prendre ________ comme dessert ? – Je vais prendre une glace à la vanille.
4. ________ pensez-vous de cet article de presse ? – Il est très amusant, je pense.

4 必要な箇所で縮約を行いましょう。

1. J'ai mal à les dents. ______________________________.
2. J'ai mal à le ventre. ______________________________.
3. Quelle est la direction de le Grand-Théâtre ? ______________________________.
4. Quelle est la direction de les allées de Tourny ? ______________________________.

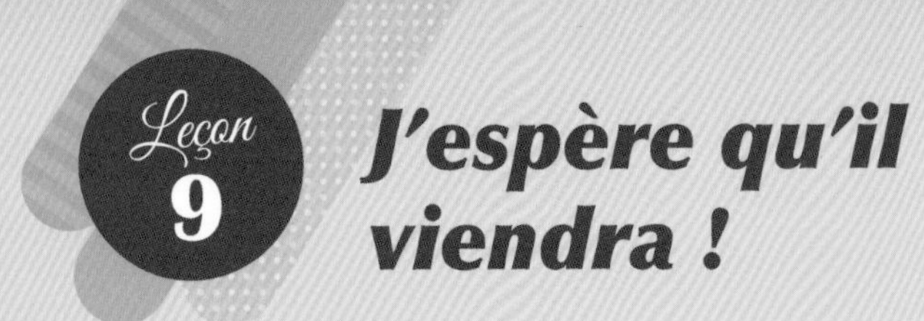

Leçon 9 J'espère qu'il viendra !

Dialogue

Vidéo

数日後、アリスの家で　Quelques jours plus tard, chez Alice  43

Alice : Si on organisait une soirée pour te présenter quelques amis ? Qu'est-ce que tu en dis ?

Mari : Ce serait chouette ! Je vais t'aider.

Alice : Et pourquoi ne pas inviter Denis, l'ami dont tu m'as parlé ?

Mari : Ça me plairait beaucoup. Je l'appelle ?

Alice : D'accord, on fait ça vendredi soir ? Qu'est-ce que tu en penses ?

Mari : Ça tombe mal, il a rendez-vous avec son professeur ce soir-là.

Alice : Alors, samedi soir ?

Mari : Ce serait parfait ! J'espère qu'il viendra !

Activités

I Organiser une fête ホームパーティーをしよう 44

Activité 1 アリスが４人の友達に電話し土曜夜空いているかどうか聞いています。誰の都合がよいでしょうか。Alice téléphone à ses amis pour savoir s'ils sont disponibles samedi soir. Écoutez les 4 réponses et complétez le tableau.

Message d'Alice : Bonjour ! J'organise une soirée pour te présenter ma cousine qui vient du Japon. Tu es disponible samedi soir ?

Qui peut venir ?

1. Théo
2. Quentin
3. Léa
4. Chloé

• disponible

• non disponible →

Pourquoi il / elle ne peut pas venir ?

• Il / Elle doit aller chez ses parents.
• Il / Elle doit aller au cinéma.
• Il / Elle doit aller à un concert.
• Il / Elle doit aller au théâtre.

Activité 2 音声を聞いて、４人それぞれが何を持ってくる予定か答えましょう。Écoutez leur message et indiquez à l'aide de flèches ce qu'ils vont apporter à la soirée. 45

Qu'est-ce que j'apporte ? Une boisson ?

Denis • Quentin • Léa •

• des crêpes • une bouteille de vin • un gâteau au chocolat • une pizza

II Suggérer / Proposer « si » + imparfait 提案する 46

Activité 3 例にならって提案をしてみましょう。Invitez votre voisin quelque part comme dans l'exemple.

例：***Si on allait** au restaurant ce soir ? – Quelle bonne idée !*

例： *aller au restaurant*

1. aller au cinéma

2. faire des crêpes

3. voyager

4. dîner ensemble

×の場合 : Désolé(e), je ne suis pas libre.

III Exprimer une hypothèse avec le conditionnel 条件法現在を使った説明

Activité 4 条件法現在形の活用をしましょう。Conjuguez les verbes ci-dessous au conditionnel présent.

être	avoir	aimer	aller	faire	venir
je serais	j'aurais	j'aimerais	j'irais	je ferais	je viendrais
tu serais	tu ______	tu ______	tu ______	tu ______	tu ______
il serait	il ______	il ______	il ______	il ______	il ______
vous seriez	vous ______	vous ______	vous ______	vous ______	vous ______

Activité 5 会話を聞き、条件法を使って穴埋めをしましょう。Écoutez le dialogue et écrivez les verbes proposés au conditionnel présent. 17

Mari : Allô Denis ? C'est Mari !
Je t'appelle pour t'inviter à une fête chez ma cousine.

Denis : J'__________ (aimer) bien venir ! Ce _______(être) quel jour ?

Mari : Vendredi soir. Tu ________ (pouvoir) venir ?

Denis : Ça tombe mal ! Je dois voir des amis.

Mari : Et samedi soir, ça t'________ (aller) ?

Denis : Oui, ce ________ (être) parfait !

Activité 5 を参考に条件法を使ってパーティーに誘う会話をしましょう。もし断られた場合は2つ目の提案をしましょう。À l'aide de l'activité 5, créez un dialogue en utilisant le conditionnel. Invitez votre voisin à une soirée. Il ne peut pas venir. Faites une 2e proposition. Utilisez les éléments ci-dessous.

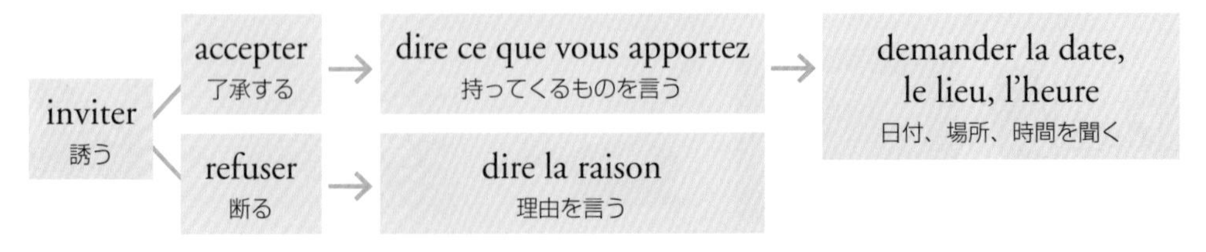

Grammaire et exercices

I si ＋ 半過去（提案、誘い、願望などを表わします）

Si on ***allait*** prendre un verre ?

II 条件法現在の活用：語幹は単純未来と同じです。

aller→**i-**　avoir→**au-**　devenir→**deviend-**　faire→**fe-**　prendre→**prend-**

		être				**plaire**	
je	ser**ais**	nous	ser**ions**	je	plair**ais**	nous	plair**ions**
tu	ser**ais**	vous	ser**iez**	tu	plair**ais**	vous	plair**iez**
il/elle	ser**ait**	ils/elles	ser**aient**	il/elle	plair**ait**	ils/elles	plair**aient**

Expressions

◆ ***Pourquoi ne pas*** + *inf.*「なぜ～しないのか」 ***Pourquoi ne pas inviter*** Denis ?
cf. Pourquoi + *inf.*「なぜ～などするのか」 ***Pourquoi faire*** ça ?

◆ espérer que ＋直説法
J'espère que tu vas bien. / ***J'espère que*** Denis ***sera*** là aussi. /
J'espère que vous ***avez fait*** un bon voyage.

◆ Qu'est-ce que tu ***en*** dis ? / Qu'est-ce que tu ***en*** penses ? それについて（= en）どう思う？

1 例にならい勧誘・願望を表わす文に言い換えましょう。

例：On *organise* une soirée ? → Si on *organisait* une soirée ?
1. On va chanter ? → Si on ________ chanter ?
2. On invite Sylvie à dîner ? → Si on ________ Sylvie à dîner ?
3. Je peux t'aider ! → Si je ________ t'aider !
4. Elle est là ! → Si elle ________ là !

2 単純未来の活用形を書きましょう。

1. devenir　J'espère qu'elle ____________ pâtissière.
2. faire　J'espère que vous ____________ un bon séjour à Bordeaux.
3. aller　On espère que ça ____________.
4. venir　Nous espérons qu'ils ____________.

3 条件法の活用形を書きましょう。

1. être　Nous ____________ contents de les voir.
2. faire　Ça me ____________ plaisir de vous rendre service.
3. avoir　Tu n'____________ pas un stylo à me prêter ?
4. prendre　Je ____________ bien un petit café.

Leçon 10 Il me dit qu'il peut venir.

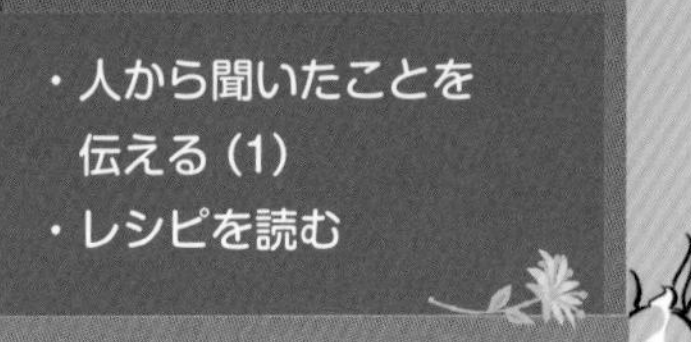

Dialogue

アリスの家で　Chez Alice 

Mari : J'ai reçu un SMS de Denis. Il me dit qu'il peut venir à la soirée.

Alice : Bon, au boulot ! On va leur préparer des pizzas, de la salade, des toasts et…

Mari : Je vais t'aider ! Tiens, un autre message de Denis. Il me demande s'il peut apporter quelque chose. Une bouteille de vin, ça irait ?

Thomas : Pourquoi pas ? Et toi, Mari, tu pourrais nous préparer un plat japonais ?

Mari : Bien sûr, je vais faire des *okonomiyaki*.

Thomas : Qu'est-ce que c'est que ça ?

Alice : Ce sont des crêpes japonaises épaisses avec du chou et de la sauce, c'est hyper bon !

Activités

I Rapporter un discours 間接話法 49

Activité 1

a. マリがドニと電話で話しています。例のように以下の間接話法の部分に下線をひきましょう。次に直接話法に直して吹き出しに入れましょう。Mari est au téléphone avec Denis (Alice est à côté d'elle). Lisez ce que Denis dit à Mari. Soulignez les parties au style indirect, puis remplissez les bulles au style direct.

例：*Denis dit à Mari qu'il fait beau.*

1. Il demande à Mari si elle est libre.
2. Il demande à Mari ce qu'elle veut faire.
3. Il demande à Mari où elle veut aller.
4. Il dit à Mari de venir chez lui à 11 heures.

Qu'est-ce qu'il dit, Denis ?

Mari Alice

例：*Il fait beau.*

1.

2.

3.

4.

b. ドニがそばにいる友達に、マリが答えたことを伝えています。間接話法になおしましょう。Denis est avec un ami. Cet ami lui demande ce que répond Mari. Écrivez ce que dit Denis à son ami.

« Je suis libre. Je veux bien visiter la ville avec toi. Je veux voir le miroir d'eau. Je viendrai plutôt à 10 heures. »

Qu'est-ce qu'elle dit, Mari ?

1. Mari répond qu'elle ________________.
2. Elle répond qu'elle ________________.
3. Elle dit qu'________________.
4. Elle dit qu'________________.

Denis

Ⅱ Recette de cuisine 料理のレシピ 50

Activité 2 音声を聞き（ビデオを見て）、イラストと選択肢を結び付けましょう。また、a. から g. に数量を書き入れましょう。Écoutez / visionnez les ingrédients des crêpes et notez les quantités.

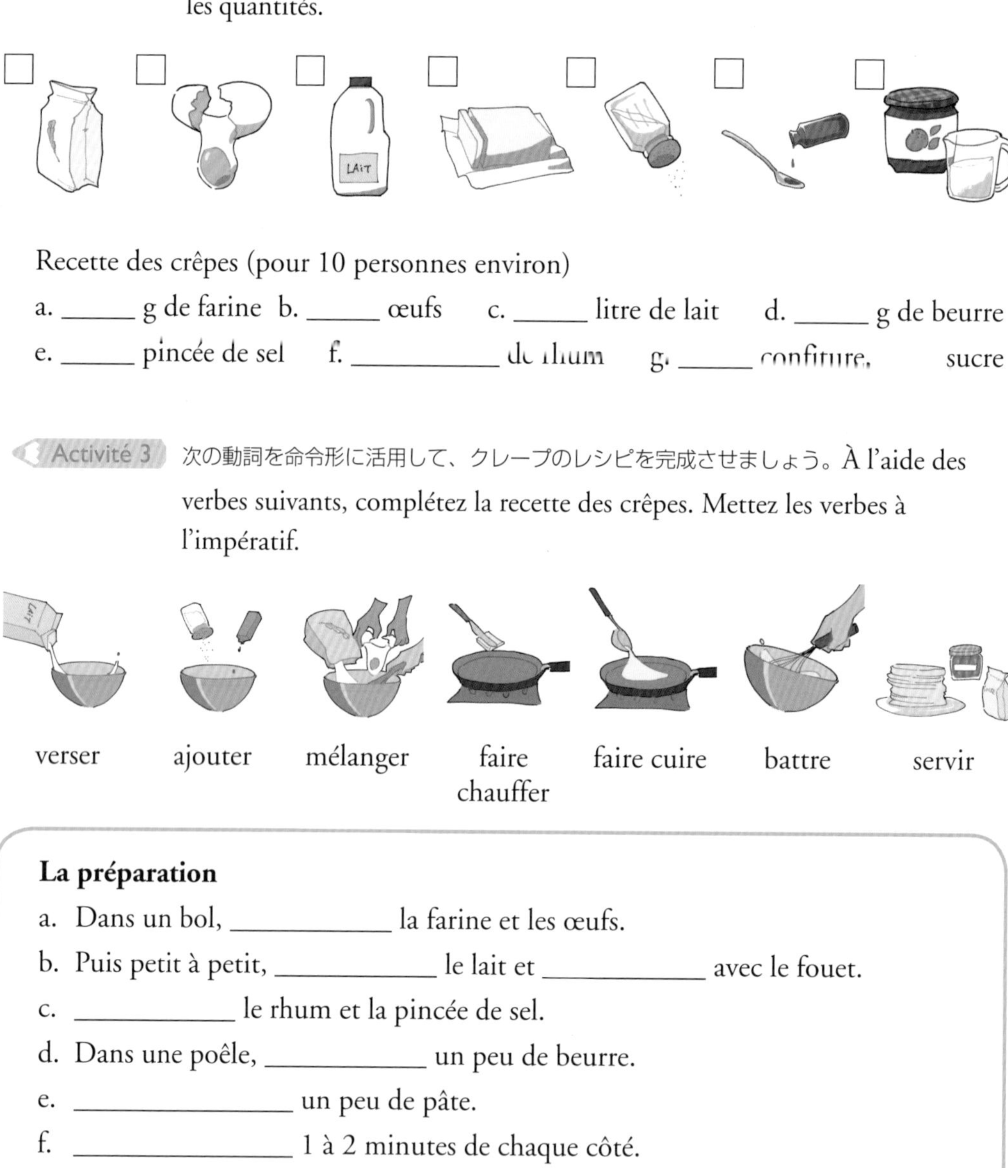

Recette des crêpes (pour 10 personnes environ)

a. ______ g de farine b. ______ œufs c. ______ litre de lait d. ______ g de beurre

e. ______ pincée de sel f. ___________ de rhum g. ______ confiture, sucre

Activité 3 次の動詞を命令形に活用して、クレープのレシピを完成させましょう。À l'aide des verbes suivants, complétez la recette des crêpes. Mettez les verbes à l'impératif.

verser | ajouter | mélanger | faire chauffer | faire cuire | battre | servir

La préparation

a. Dans un bol, ___________ la farine et les œufs.

b. Puis petit à petit, ___________ le lait et ___________ avec le fouet.

c. ___________ le rhum et la pincée de sel.

d. Dans une poêle, ___________ un peu de beurre.

e. _______________ un peu de pâte.

f. _______________ 1 à 2 minutes de chaque côté.

g. ___________ avec de la confiture ou du sucre.

クレープのつくり方を参考に、下の語彙を使ってお好み焼きのつくり方を説明しましょう。
À deux, à l'aide du vocabulaire ci-dessous, présentez la recette du *okonomiyaki*.
(*chou, œufs, sauce japonaise, viande, mayonnaise, farine, eau, dashi, katsuobushi.*)

Grammaire et exercices

I 直接話法 (a) と間接話法 (b)

(a) Denis me dit : « Je peux venir à la soirée. » (Denis の言葉をそのまま伝える)
(b) Denis me dit ***qu'il peut*** venir à la soirée. (Denis の発言を話者（＝私）の言葉で伝える)

(a) Alice lui dit : « Va chercher Mari à la gare. »
(b) Alice lui dit ***d'aller*** chercher Mari à la gare.

(a) Denis me demande : « Je peux apporter quelque chose ? »
(b) Denis me demande ***s'il peut*** apporter quelque chose.

(a) Alice me demande : « Où est-ce que tu vas ? »
(b) Alice me demande ***où je vais***.

(a) Alice me demande : « Qu'est-ce que tu penses faire à Bordeaux ? »
(b) Alice me demande ***ce que je pense*** faire à Bordeaux.

→ Appendice p.74 参照

Expressions

◆ 形容詞 <autre>: un autre message → d'autres messages / une ***autre*** fois / l'***autre*** jour

1 間接話法の文に言い換えましょう。

1. Il me demande : « Je peux téléphoner ? »
   → Il me demande ______________________________.
2. Il me dit : « Je vais t'inviter mardi. » → Il me dit ______________________.
3. Elle me demande : « Qu'est-ce que tu prends comme dessert ? »
   → Elle me demande ______________________ .
4. Il me dit : « Faites comme vous voulez. » → Il me dit ____________________.
5. Il me demande : « Quel âge as-tu ? » → Il me demande __________________.
6. Il me demande : « D'où viens-tu ? » → Il me demande __________________.

2 直接話法の文に言い換えましょう。

1. Elle me demande *si je l'aime*. → Elle me demande : « __________________ ? »
2. Il me dit qu'*il attend Sylvie là*. → Il me dit : « ______________________. »
3. Elle me demande *ce que je fais* comme études.
   → Elle me demande : « __________________ ? »
4. Il me demande *où je travaille*. → Il me demande : « __________________ ? »
5. Elle me demande *qui je cherche*. → Elle me demande : « ________________ ? »
6. Il me dit de *manger moins de gâteaux*. → Il me dit : « __________________. »

Il m'a raconté qu'il avait eu un accident !

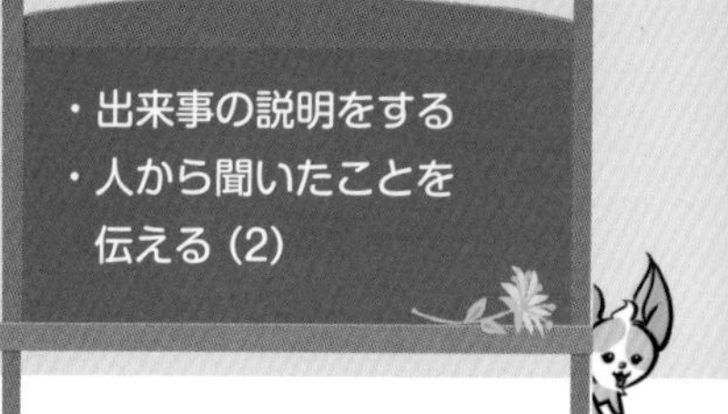

次の日、マリとアリスがパーティについて話しています。

Le lendemain, Mari et Alice parlent de la soirée. 

Alice : Tu as passé beaucoup de temps avec Denis hier soir. Qu'est-ce qu'il t'a raconté ?

Mari : Il m'a dit que je devais faire attention quand je roulais à vélo dans les rues de Bordeaux.

Alice : Pourquoi ?

Mari : Il paraît que c'est très dangereux. Il m'a raconté qu'il avait eu un accident à vélo récemment.

Alice : Ah bon ? Qu'est-ce qui lui est arrivé ?

Mari : Il m'a dit que tout à coup, un automobiliste avait ouvert sa portière et qu'il était tombé par terre.

Activités

I La chronologie des événements 出来事の順序 

Activité 1 **a.** 次の文を読んで、順番通りに並べましょう。Lisez les phrases puis remettez-les dans l'ordre.

1. situation → 2. action → 3. situation → 4. action

_______ Tout à coup, un cycliste **a traversé** la voie du tramway sans regarder.

_______ Le tramway **a heurté** le cycliste. Il **est tombé**.

_______ Il **portait des écouteurs**. Il **n'a pas entendu** le tram.

_______ Hier matin, il **était** onze heures. Mari et Denis **étaient** à la station de tram.

b. « situation » と « action » にはそれぞれどのような時制が使われているか確認しましょう。Quels temps sont utilisés pour raconter la situation et l'action ?

Activité 2 隣の人と写真を見て、出来事 (action) か状況 (situation) のどちらかに○をつけましょう。そのあと、複合過去と半過去を使って出来事を説明しましょう。À deux, regardez les photos et choisissez s'il agit de l'action ou de la situation. Puis, racontez l'histoire en utilisant le passé composé et l'imparfait.

prendre son vélo | rouler vite | sortir de sa voiture | heurter la portière | tomber

1. action / situation 2. action / situation 3. action / situation 4. action / situation

1. ______________________________
2. ______________________________
3. ______________________________
4. ______________________________

II Rapporter les paroles de quelqu'un 誰かの言ったことを話す 53

Activité 3 右側の太字で示された動詞の時制（半過去・大過去・条件法）を（　）に書きましょう。
Observez les phrases suivantes. À quels temps sont les phrases de droite ?

Aujourd'hui, Mari dit…	**Hier**, Mari a dit…
1. qu'elle **est** à Bordeaux ce matin.（現在）	qu'elle **était** à Bordeaux ce matin-là.（　　）
2. qu'il **fera** beau demain.（未来）	qu'il **ferait** beau le lendemain.（　　）
3. qu'elle **a parlé** avec Denis cette semaine.（複合過去）	qu'elle **avait parlé** avec Denis cette semaine-là.（　　）
4. qu'il **faisait** beau hier.（半過去）	qu'il **avait fait** beau avant-hier.（　　）

Activité 4 音声を聞き、左側を参考にしながら、右側の動詞に下線を引き、それに合わせて動詞を適切な時制に活用させましょう。Écoutez et soulignez les parties au style indirect passé. Complétez les phrases au style indirect.

Aujourd'hui…	**Hier…**
1. Denis dit à Mari qu'il fait beau.	Denis a dit à Mari qu'il ________ beau.
2. Il lui demande si elle est libre.	Il lui a demandé si elle ________ libre.
3. Il lui demande ce qu'elle veut faire.	Il lui a demandé ce qu'elle ________ faire.
4. Il lui demande si elle veut visiter la ville avec lui.	Il lui a demandé si elle ________ visiter la ville avec lui.

Activité 5 ドニが友達にマリとの会話を電話で説明しています。 54
Denis raconte à un ami la conversation téléphonique qu'il a eue avec Mari.

Mari : Je fais une fête chez Alice vendredi à 19 heures.
Denis : Super ! Qu'est-ce que j'apporte ?
Mari : Apporte une bouteille de vin. Ne sois pas en retard.
Denis : Je serai à l'heure.

会話を過去形に書き換えましょう。Réécrivez le dialogue ci-dessous au style indirect passé.

1. Mari m'a dit qu'elle ________________________.
2. Je lui ai demandé ________________________.
3. Elle m'a demandé ________________________.
4. Elle m'a demandé ________________________.
5. Je lui ai répondu ________________________.

Grammaire et exercices

I 大過去：過去完了（＝過去における過去）

形：助動詞 (avoir / être) の半過去形＋過去分詞

Il m'a raconté (a) qu'il ***avait eu*** (b) un accident de vélo.

Quand je suis arrivé (a) chez elle, Alice ***était*** déjà ***partie*** (b).

II 疑問代名詞

qu'est-ce qui ... ?「何が ... ?」Qu'est-ce qui lui est arrivé ?

III 時制の一致

Denis dit qu'il ***est*** très occupé **aujourd'hui**.

→ Denis a dit qu'il ***était*** très occupé **ce jour-là.**

Denis dit qu'il ***a eu*** un accident de vélo **la semaine dernière**.

→ Denis a dit qu'il ***avait eu*** un accident de vélo **la semaine précédente**.

[demain → lendemain]

→ Appendice p.74 参照

Expressions

◆ il paraît que... [←paraître]「〜らしい、〜という噂だ」

Il paraît que c'est dangereux de rouler en ville.

Il paraît que Denis va au Japon cet été.

1 各動詞を大過去形にしましょう。

1. commencer　Le film ______ déjà ______ quand je suis entré dans la salle.
2. partir　Mari ______ déjà ______ en voyage quand je lui ai téléphoné.
3. faire　Elle m'a raconté ce qu'elle ____________ pendant les vacances.
4. prêter　J'ai perdu le livre que tu m'____________.

2 Qu'est-ce que / Qu'est-ce qui のどちらかを記入しましょう。

1. ______________ tu cherches ? – Je cherche mon portable.
2. ______________ se passe dans la rue ? – C'est une manifestation.
3. ______________ ne va pas ? – J'ai de la fièvre.
4. ______________ vous étudiez ? – J'étudie le droit.

3 下線部に適切な語（句）を記入して、間接話法の文に言い換えましょう。

1. Elle m'a demandé : « Je peux parler avec toi aujourd'hui ? »
   → Elle m'a demandé ______ elle pouvait parler avec moi ________.
2. Il m'a dit : « Je vais t'aider demain. » → Il m'a dit qu'il ______ m'aider ______.
3. Denis m'a dit : « J'ai acheté un vélo la semaine dernière. »
   → Il m'a dit qu'il ________ un vélo la semaine ________.
4. Mari m'a demandé : « Qu'est-ce que tu veux manger ? »
   → Elle m'a demandé ________ je ________ manger.

Je voudrais que tu m'aides !

アリスとトマがけんかをしています。 Une dispute éclate entre Alice et Thomas. 55

Alice : Thomas, ça suffit, je voudrais que tu m'aides un peu plus à la maison ! Moi aussi, je travaille !

Thomas : Mais qu'est-ce que tu veux que je fasse ?

Alice : D'abord, j'aimerais que tu ne laisses pas traîner tes affaires un peu partout.

Thomas : Euh... D'accord ! C'est tout ?

Alice : Non, je n'ai pas fini. Je voudrais que tu ailles faire les courses et que tu fasses la vaisselle de temps en temps. Sans parler des poubelles…

Thomas : Oh, mais ça commence à bien faire ! J'en ai assez ! Bon, je sors… Et toi, calme-toi !

Activités

I　Les tâches ménagères　家のなかのこと 56

Activité 1　音声を聞き、動詞を入れて表現を完成させましょう。Écoutez et complétez avec les verbes suivants : **mettre, faire, préparer, sortir, ranger, nettoyer, débarrasser, passer**

1. _______ les courses

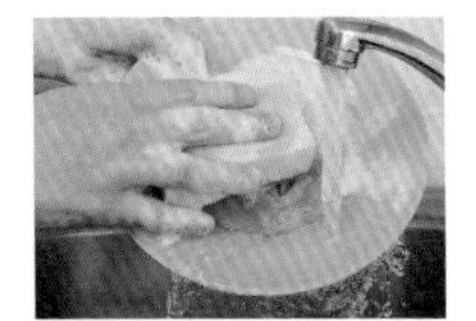

2. _______ la vaisselle

3. _______ les poubelles

4. _______ le ménage

5. _______ l'aspirateur

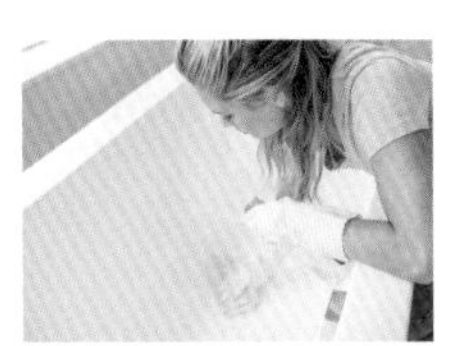

6. _______ la salle de bains

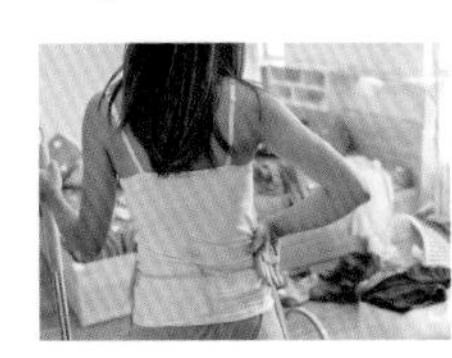

7. _______ ses affaires / la maison

8. _______ la cuisine

9. _______ la lessive

10. _______ la table

11. _______ la table

12. _______ le couvert

Activité 2　**アリスの日常：Les activités quotidiennes d'Alice**　音声を聞き、上の語彙を参考に次の文章を完成させましょう。Écoutez et complétez le texte avec les verbes de l'activité 1. 57

Alice est fatiguée. Thomas ne l'aide pas beaucoup à la maison. Tous les jours, elle _______ la table, et elle _____ la table. Ensuite, elle _____ la vaisselle. Le samedi, elle _____ l'aspirateur et elle _____ les courses. Le dimanche, elle _____ la lessive et elle _____ la maison. Elle aimerait que Thomas l'aide un peu.

例にならって、家でしている家事を答えましょう。
À deux, dites à votre voisin qui fait quoi à la maison.

例：*Chez moi, c'est ma mère qui prépare le repas et c'est moi qui nettoie la salle de bains. Et chez toi ?*

II Demander à quelqu'un de faire quelque chose 人に頼みごとをする 58

Activité 3 アリスはトマにもっと家のことを手伝ってほしいと思っています。アリスがトマへ伝えたことを、接続法を使って書きましょう。Alice demande à Thomas de l'aider. Complétez les phrases au subjonctif.

例：*ranger ses affaires – Il faut que tu ranges tes affaires.*

Il faut que...
J'aimerais que...
Je voudrais que...

1. faire la vaisselle tous les soirs – Il faut que tu ______________________.
2. faire la cuisine de temps en temps – J'aimerais que tu ______________________.
3. passer l'aspirateur le samedi matin – Il faut que tu ______________________.
4. sortir la poubelle 3 fois par semaine – Je voudrais que tu ______________________.
5. ne plus laisser traîner ses affaires – J'aimerais que tu ______________________.

III Exprimer sa colère, son mécontentement 怒りや不満をぶつける 59

Activité 4 表現を読み、それから会話を聞きましょう。アリスがトマにぶつけている不満の番号を各会話の四角の中に書き入れましょう。Écoutez les dialogues et notez les expressions utilisées pour exprimer la colère dans les trois dialogues.

Dialogue 1 ☐☐ Dialogue 2 ☐☐ Dialogue 3 ☐☐

1. Ça commence à bien faire !
2. J'en ai assez !
3. Ça suffit !
4. Arrête !
5. Tu m'énerves !
6. Tu m'énerves !

Grammaire et exercices

I 接続法の活用形

活用語尾	aider	faire	aller	venir	être	avoir
que je/j' *-e*	aide	fasse	aille	vienne	je ***sois***	j' **aie**
que tu *-es*	aides	fasses	ailles	viennes	tu ***sois***	tu **aies**
qu'il/elle *-e*	aide	fasse	aille	vienne	il/elle ***soit***	il/elle **ait**
que nous *-ions*	aidions	fassions	allions	venions	nous ***soyons***	nous **ayons**
que vous *-iez*	aidiez	fassiez	alliez	veniez	vous ***soyez***	vous **ayez**
qu'ils/elles *-ent*	aident	fassent	aillent	viennent	ils/elles ***soient***	ils/elles **aient**

活用語尾：(-e / -es / -e / -ions / -iez / -ent) 例外：être / avoir

語幹：

1. 直説法 ils/elles の語幹と同じです。
2. nous/vous で語幹が他の人称と異なるものがあります。 例 → aller, venir
3. 特殊な語幹を持つもの：aller/faire/savoir (sach-), etc.

II 接続法の用法

(1) 主節が il faut que... / j'aimerais que... / je voudrais que... / j'ai peur que...
などの表現の時、従属節中で用います。

Je voudrais que tu ***ailles*** faire les courses.

(2) 主節と従属節の主語は異なることが必要です。

✖ Je voudrais ~~que je revienne.~~ → ○ Je voudrais revenir.

cf. J'espère que je *reviendrai*.

III 強調構文

1. 主語の強調 ***C'est*** moi ***qui*** fais le ménage.
2. 主語以外の強調 ***C'est*** à Bordeaux ***que*** nous habitons.

1 次の動詞を接続法にして、下線部に書き入れましょう。

1. faire Je voudrais que mon mari ____________ le ménage.
2. aller Il faut que tu ____________ à la fac.
3. venir Je voudrais que vous ____________ demain matin.
4. être Il faut que vous ____________ prudents.

2 下線部を強調する文に書き換えましょう。

1. Théo range sa chambre. → C'est ____________________________.
2. Je vais à la Cité du Vin demain. → C'est ____________________________.
3. Denis étudie l'œnologie. → C'est ____________________________.
4. Mari a rendez-vous devant le musée. → C'est ____________________________.

Leçon 13

C'est l'endroit le plus touristique de Bordeaux.

・比較をする
・1 番を選ぶ

マリとドニが河岸を散歩しています。　Mari et Denis se promènent sur les quais. 

Mari : Voilà le fameux miroir d'eau !

Denis : Oui, c'est l'endroit le plus touristique de Bordeaux.

Mari : C'est vrai, c'est plus joli encore que sur les photos !

Denis : Allons sur les quais. Il y a plein d'anciens hangars qui ont été transformés en boutiques et en restaurants.

Mari : C'est quoi ce bâtiment, là-bas ? Il a une drôle de forme, on dirait une carafe !

Denis : Ah, celui-là ? C'est la Cité du Vin. C'est un musée qui a été inauguré en 2016 et où on peut découvrir tout ce qui concerne le vin.

Activités

I La voix passive 受動態 61

Activité 1 a. 新聞の見出しを見て、受動態が使われているところに線をひきましょう。
Observez les titres de journaux et soulignez les verbes à la voix passive.

例 : Bordeaux a été classé au patrimoine mondial de l'Unesco.

1. **La coupe du monde de football a été gagnée par les Bleus.**

2. **Un cycliste a été heurté par une voiture.**

3. **Les jeux Olympiques 2020 ont été organisés à Tokyo.**

b. 上の文を能動態にしましょう。Transformez les phrases ci-dessus à la voix active.

例 : *On a classé Bordeaux au patrimoine mondial de l'Unesco.*

1. ______________________________
2. ______________________________
3. ______________________________

Activité 2 例にならって受動態に書き換えましょう。Transformez les phrases suivantes de la voix active à la voix passive.

例 : *Le maire de Bordeaux a inauguré la Cité du Vin en 2016.*
→ *La Cité du Vin a été inaugurée par le maire de Bordeaux en 2016.*

1. La France a organisé la coupe du monde de football féminin en 2019. →
2. Mari a invité Denis à venir à une soirée. →
3. Gutenberg a inventé l'imprimerie en 1450. →
4. On a fondé la Sorbonne en 1253. →

II Comparer 比較する 62

Activité 3 « plus... que »、« moins... que » と « aussi... que » を使って、p. 62 の表を参考に、パリ、ボルドーとニースを比較しましょう。Comparez Paris, Bordeaux et Nice en utilisant **plus… que, moins… que** et **aussi... que.**

例 : *Paris est une ville **plus** grande **que** Bordeaux. Il y a **moins de** touristes à Bordeaux **qu'**à Paris. Les restaurants sont **aussi** chers à Bordeaux **qu'**à Nice. Le prix moyen d'un hôtel est **plus** élevé / ~~**plus bas**~~ à Paris qu'à Nice.*

	Paris	Bordeaux	Nice
superficie	105,4 km^2	49,3 km^2	71,9 km^2
prix moyen d'un restaurant	15 euros	13 euros	13 euros
prix moyen d'un hôtel	136 euros	90 euros	115 euros
nombre de touristes par an	33,8 millions	6,1 millions	4,5 millions
prix du café	3,20 euros	1,80 euro	1,90 euro

III Le superlatif 最上級 63

Activité 4 例にならって、最上級の文を作りましょう。Posez des questions comme dans l'exemple.

例：*Quel est le sommet le plus haut ? – C'est le Mont-Blanc.*

Qui est le / la plus ….. ?

例：

Le mont Fuji : *3776 m*
Le Mont-Blanc : *4810 m*
Le mont Rainier : *4392 m*

1.
La France : 643 801 km^2
Le Japon : 377 973 km^2
Les États-Unis : 9,834 millions de km^2

2.
Paris : ★★★★
Bordeaux : ★★★
Nice : ★★

3.
Tokyo : 9,3 millions d'habitants
Paris : 2,14 millions d'habitants
New York : 8,5 millions d'habitants

1. Quel est le pays le plus grand ?
2. Quelle est la ville la plus peuplée ?
3. Quelle est la ville la plus touristique de France ?

隣の人と、Activité 4 を参考に、最上級を使った質問をしましょう。À deux, à la manière de l'activité 4, posez-vous des questions en employant le superlatif.
(La ville la plus touristique, la plus froide, la plus jolie…)

例：*À ton avis, quelle est la ville* ***la plus*** *chaude en été : Paris, Tokyo ou Moscou ?*

Grammaire et exercices

I 受動態の複合過去

Ces hangars ***sont transformés*** en boutiques.
→ Ces hangars ***ont été transformés*** en boutiques.

II 比較級（形容詞・副詞）

Thomas est ***plus*** [***aussi*** / ***moins***] sportif ***que*** Denis.
Tes notes sont ***meilleures*** [***aussi bonnes*** / ***moins bonnes***] ***que*** mes notes.
Mari chante ***mieux*** [***aussi bien*** / ***moins bien***] ***que*** moi.
Thomas court ***plus*** vite ***qu'***Alice.

III 最上級（形容詞・副詞）

Tokyo, c'est la ville ***la plus*** peuplée ***du*** Japon.
La Tour d'Argent, c'est ***le meilleur*** restaurant ***de*** Paris.
C'est Éléna qui court ***le plus vite*** de la famille.
C'est Alice qui chante ***le mieux de*** la famille.

Expressions

◆ dire の条件法：on dirait ＋名詞 「まるで〜のようだ」
on *dirait* que ... 「〜らしい」
On dirait une carafe. ***On dirait qu'***elle est en colère.

1 以下の文を受動態の文にしましょう。

1. L'équipe française a battu l'équipe brésilienne.
→ L'équipe brésilienne ______________ par l'équipe française.
2. On a construit un nouvel avion en France.
→ Un nouvel avion ______________ en France.
3. Berlioz a composé *La Symphonie fantastique*.
→ *La Symphonie fantastique* ______________ par Berlioz.

2 以下の文を能動態の文にしましょう。

1. Une nouvelle école de langue française *a été fondée* à Kudan.
→ On ______________________________________.
2. Mari et Denis *ont été invités* à dîner par Alice.
→ Alice ______________________________________.
3. Ces appareils photo *ont été fabriqués* au Japon.
→ On ______________________________________.

3 優等最上級の文に書き換えましょう。

1. Alice parle *couramment* japonais. C'est __________________ de la famille.
2. C'est une *bonne* pâtisserie. C'est __________________ de Paris.
3. C'est un endroit *populaire*. C'est __________________ de Bordeaux.

Je me suis fait voler mon portable !

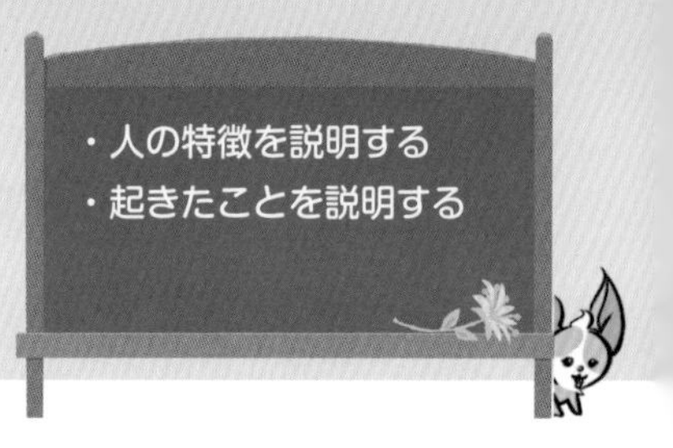

警察署で　Au commissariat de police 

Le policier : Bonjour Madame. C'est pour quel motif ?

Mari : Je me suis fait voler mon portable.

Le policier : Quand est-ce que ça s'est passé ?

Mari : Ça s'est passé quand je me promenais sur les quais, je crois. J'étais en train de prendre des photos quand j'ai senti quelqu'un derrière moi. Je pense qu'on me l'a volé à ce moment-là. Et puis, quand j'ai voulu utiliser mon portable. Il avait disparu.

Le policier : Et vous l'avez vu ? Il était comment ?

Mari : Il était assez grand... et mince... Il avait les cheveux noirs... et très courts.

Activités

I Raconter un fait divers 出来事を語る 65

Activité 1 語彙を読んで、動詞をあてましょう。Lisez le vocabulaire et devinez le verbe.

un vol
un voleur } ________

une agression
un agresseur } ________

un cambriolage
un cambrioleur } ________

II La description physique 外見の特徴 66

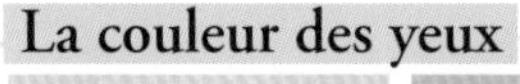

La couleur des yeux

avoir

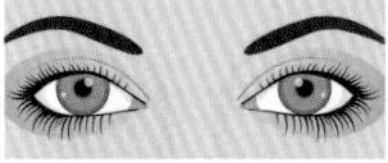

les yeux noirs

les yeux marron

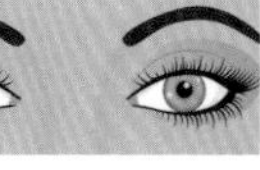

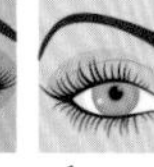

les yeux verts

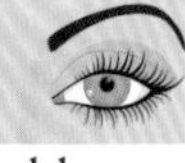

les yeux bleus

La couleur des cheveux

avoir

les cheveux noirs

les cheveux bruns

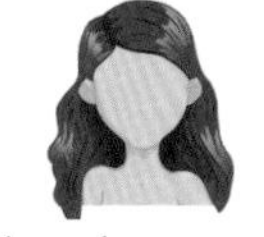

les cheveux roux

les cheveux blonds

La coiffure

avoir

les cheveux raides

les cheveux frisés

les cheveux longs

les cheveux courts

La corpulence

être

petit

grand

fort

mince

Activité 2 マリが被害にあった泥棒はどのようでしたか？ Le voleur de Mari était comment ? 67

a. 答えを聞いて選びましょう。
Écoutez la réponse de Mari et choisissez.

b. 2人でほかの3人の描写をしましょう。
À deux, décrivez les trois autres personnes.

Ⅲ Récit d'un événement passé 過去のことについて説明する 

Activité 3 事件があった時の様子について、説明しましょう。

Racontez ce que les personnes ci-dessous faisaient au moment des faits.

situation	action	situation	action
例：*je*  *se promener sur les quais*	 *se faire agresser*	1. elle  faire ses courses	 se faire voler son portable
2. il 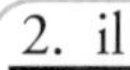  être dans la chambre	 se faire cambrioler	3. vous  être dans le train	 se faire voler son sac

例：*Je me promenais sur les quais* ***quand*** *je me suis fait agresser.*

Activité 4 ３つの説明を聞いて、表を完成させましょう。

Écoutez les trois situations et complétez le tableau. 

situation

例：	1.	2.	3.

action

例：	1.	2.	3.
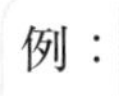 			

例：*Denis était en train de déjeuner à la terrasse du café quand il s'est fait voler son portable.*

1. Mari était en train de ____ .
2. Alice était en train de ____ .
3. Thomas était en train de ______________________________________ .

Grammaire et exercices

I 半過去 (3)：過去における他の出来事との同時性を表します。

Ça s'est passé quand je ***me promenais*** sur les quais.
J'***étais*** en train de prendre des photos quand j'ai senti quelqu'un derrière moi.

II 補語人称代名詞の位置：直接目的補語・間接目的補語の両方ある場合

On ***me l'***a volé. 間接目的補語が１、２人称の時〈間接＋直接〉
On ***le lui*** a volé. 間接目的補語が３人称の時〈直接＋間接〉

Expressions

◆ être en train de + *inf.* 進行形「〜する最中だ」
Je ***suis en train de*** travailler.

◆ se faire + *inf.* 「〜される、〜してもらう」
Je ***me fais couper*** les cheveux par le coiffeur.
= Le coiffeur me coupe les cheveux.
Je ***me suis fait voler*** mon téléphone portable.
= On m'a volé mon téléphone portable.

1 文意を考え各動詞を適切な時制で活用させましょう。

1. rencontrer　Mari marchait dans la rue quand elle ____________ Denis.
2. faire　Elle regardait la télé pendant qu'il ____________ le ménage.
3. se promener　Quand j'habitais à Bordeaux, je ____________ sur les quais.
4. avoir　Denis n'est pas sorti hier parce qu'il ____________ de la fièvre.
5. oublier　Il m'a dit qu'il ____________ son portable à la maison.
6. être arrêté　Le voleur ____________ il y a deux jours.

2 下線部を補語人称代名詞にして文を書き換えましょう。

1. Elle m'a donné <u>son numéro de téléphone</u>.　→ Elle ______ ______ a donné.
2. Elle lui a donné <u>son numéro de téléphone</u>.　→ Elle ______ ______ a donné.

3 進行形の文に書き換えましょう。

1. Je prépare l'examen de français.
→ Je ______________________________ l'examen de français.
2. On discutait de la prochaine réunion.
→ On ______________________________ de la prochaine réunion.

Si je pouvais, je resterais !

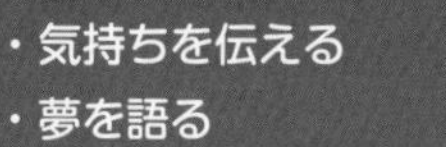

- ・気持ちを伝える
- ・夢を語る
- ・履歴書の書き方

バカンスが終わり、マリが帰国しようとしています。

Les vacances sont terminées. Mari va repartir au Japon. 70

Mari : Je suis triste de devoir quitter la France. Si je pouvais, je resterais bien ici !

Denis : Qu'est-ce que tu ferais alors ?

Mari : Mon rêve, c'est d'étudier la pâtisserie en France.

Denis : Ce n'est pas un travail facile, ni très bien payé.

Mari : Oui mais au moins, si j'étudiais ici, je ferais ce que j'aime.

Denis : Mais réfléchis, tu serais occupée tous les week-ends !

Mari : Peut-être bien, mais j'aimerais quand même tenter l'aventure.

Denis : Moi aussi, j'aimerais bien que tu restes !

Activités

I　Parler de ses émotions　感情を説明しよう 71

Activité 1　マリがもうすぐ日本に帰国します。例にならって自分の気持ちを説明しましょう。Mari va bientôt rentrer au Japon. Faites des phrases pour exprimer ses émotions comme dans le modèle.

être triste

être heureux(*se*)

être malheureux(*se*)

être ému(e)

例：*devoir partir*

Je suis triste de devoir partir.

1. quitter la France
2. revoir bientôt ma famille
3. laisser mes amis
4. dire au revoir à Denis

II　Parler de ses désirs　夢を語る 72

Activité 2　マリにならって、ドニ・トマ・アリスの夢を説明しましょう。Exprimez les désirs de Denis, de Thomas et d'Alice comme dans l'exemple.

例：*étudier la pâtisserie en France*

1. devenir œnologue dans un château
2. vivre à Paris
3. travailler dans la Silicon Valley

Mon rêve, c'est d'étudier la pâtisserie en France.

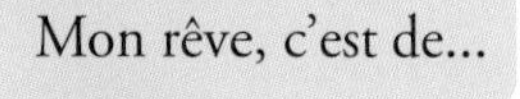

例：

Mon rêve, c'est de...

Mon rêve, c'est de...

例にならって自分の夢を説明しましょう。À deux, parlez de vos rêves comme dans l'exemple.

例：*C'est quoi ton rêve ? – Mon rêve, c'est de faire le tour du monde.*

Ⅲ Le souhait avec le conditionnel présent もし～だったら… 

Activité 3 例にならい条件法を使って文を作りましょう。Faites des phrases en utilisant la structure hypothétique comme dans l'exemple.

例：*Si j'étais riche, je ferais le tour du monde.*

	hypothèse (imparfait)	**conséquence (conditionnel présent)**
例	*être riche*	*faire le tour du monde*
1	visiter Bordeaux	vouloir voir le miroir d'eau
2	être Mari	rester en France
3	avoir le choix	partir en vacances
4	voyager en France	(à vous) 自由に

Activité 3 を参考に、例にならって隣の人に質問しましょう。

À deux, à l'aide de l'activité 3, posez des questions à votre voisin.

例：*Si tu allais à Bordeaux, qu'est-ce que tu ferais ?*

Ⅳ Correspondance 文通 74

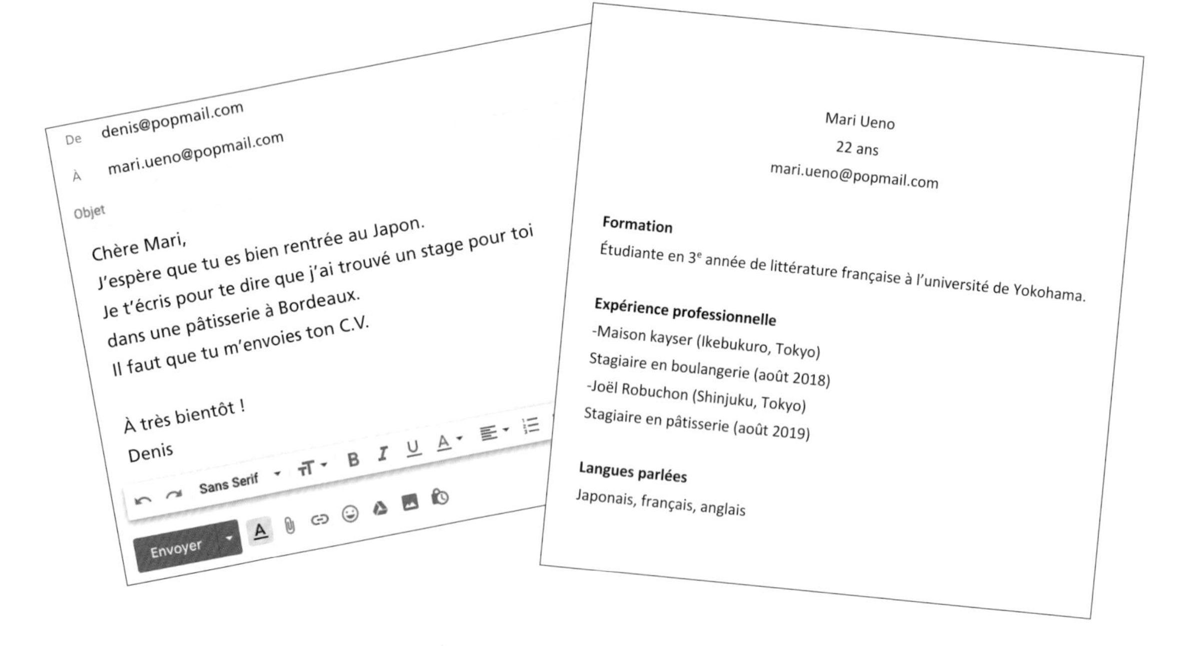

De denis@popmail.com

À mari.ueno@popmail.com

Objet

Chère Mari,

J'espère que tu es bien rentrée au Japon.

Je t'écris pour te dire que j'ai trouvé un stage pour toi dans une pâtisserie à Bordeaux.

Il faut que tu m'envoies ton C.V.

À très bientôt !

Denis

Sans Serif

Envoyer

Mari Ueno

22 ans

mari.ueno@popmail.com

Formation

Étudiante en 3e année de littérature française à l'université de Yokohama.

Expérience professionnelle

-Maison kayser (Ikebukuro, Tokyo)

Stagiaire en boulangerie (août 2018)

-Joël Robuchon (Shinjuku, Tokyo)

Stagiaire en pâtisserie (août 2019)

Langues parlées

Japonais, français, anglais

マリの履歴書を参考に、自分の履歴書を書きましょう。

En prenant modèle sur le C.V. de Mari, écrivez votre propre C.V.

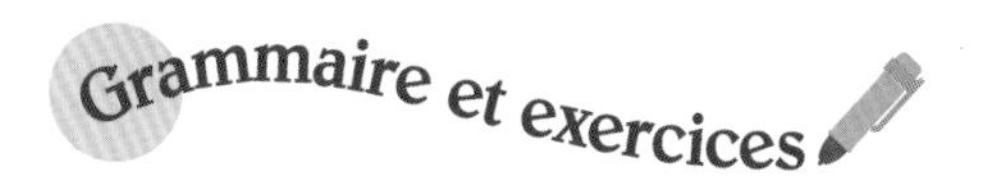

I 条件法現在の活用 → Leçon3, 5 参照

	rester	être	avoir	aller	faire	prendre
je/j'	rester**ais**	serais	aurais	irais	ferais	prendrais
tu	rester**ais**	serais	aurais	irais	ferais	prendrais
il/elle	rester**ait**	serait	aurait	irait	ferait	prendrait
nous	rester**ions**	serions	aurions	irions	ferions	prendrions
vous	rester**iez**	seriez	auriez	iriez	feriez	prendriez
ils/elles	rester**aient**	seraient	auraient	iraient	feraient	prendraient

II 条件法現在の用法（2）：現在の事実に反する仮定・現実性の乏しい未来の仮定、その仮定に基づく結果

Si + 半過去， 条件法現在 → Leçon 8 参照

Si j'***étudiais*** ici, je ***ferais*** ce que j'aime.
cf. Si j'**étudie** ici, je f**era**i ce que j'aime.

III 条件法過去：助動詞（avoir / être）の条件法現在＋過去分詞

Si ＋大過去（＝過去の事実に反する仮定）， 条件法過去（＝その仮定に基づく結果）

Si j'***avais étudié*** ici, j'***aurais fait*** ce que j'aimais.
Si j'***étais parti*** plus tôt, je ***serais arrivé*** à temps.

Expressions

◆ ne ... pas ..., ni ... / ne... ni... ni...
Ce **n'**est **pas** un travail facile, **ni** très bien payé.
Je **ne** mange **ni** viande **ni** poisson.

◆ Son rêve, c'est de + *inf. Mon rêve,* ***c'est d'***étudier la pâtisserie.

1 条件法の活用形を書きましょう。

1. aller　S'il faisait beau demain, nous ______________ à la montagne.
2. faire　Si vous étiez à ma place, qu'est-ce que vous __________ de cet argent ?
3. être　Si elle prenait ce médicament, elle ___________ guérie tout de suite.
4. pouvoir　Si tu m'aidais, je ______________ terminer ce travail avant le week-end.

2 ［1］の文を過去形に書き換えましょう。

1. aller　S'il avait fait beau le lendemain, nous ____________ à la montagne.
2. faire　Si vous aviez été à ma place, qu'est-ce que vous ____________ de cet argent ?
3. être　Si elle avait pris ce médicament, elle ____________ guérie tout de suite.
4. pouvoir　Si tu m'avais aidé, j'____________ terminer ce travail avant le week-end.

I 疑問代名詞

	「誰」(ひと)	「何」(もの・こと)
1. 主語	***Qui*** va à Paris ? ***Qui est-ce qui*** va à Paris? –	– ***Qu'est-ce qui*** se passe ? –
2. 属詞	***Qui*** est-ce ? – C'est ***qui*** ?	***Qu'***est-ce ? ***Qu'est-ce que*** c'est ? C'est ***quoi*** ?
3. 直接目的補語	***Qui*** invites-tu ? ***Qui est-ce que*** tu invites? Tu invites ***qui*** ?	***Que*** fais-tu ? ***Qu'est-ce que*** tu fais ? Tu fais ***quoi*** ?
4. 間接目的補語 状況補語	***À qui*** penses-tu ? ***À qui est-ce que*** tu penses ? Tu penses ***à qui*** ?	***À quoi*** penses-tu ? ***À quoi est-ce que*** tu penses ? Tu penses ***à quoi*** ?
	Avec qui voyages-tu ? ***Avec qui est-ce que*** tu voyages ? Tu voyages ***avec qui*** ?	***Avec quoi*** écris-tu ? ***Avec quoi est-ce que*** tu écris ? Tu écris ***avec quoi*** ?

II 過去分詞の一致

1) 主語の性数に一致する場合：

Alice est *invitée* à dîner par Pierre.　受動態

Éléna est *allée* au Japon l'année dernière.　助動詞 être をとる複合過去

Maria s'est *promenée* sur les quais.　代名動詞の複合過去

2) 直接目的補語に一致する場合：

Voici les livres que j'ai *lus* pendant les vacances.

Combien de villes est-ce que tu as *visitées* en France ?

Tu as déjà visité cette région ? – Oui, je l'ai déjà *visitée*.

III 補語人称代名詞と中性代名詞 en が併用される時の位置

Tu *me* donnes *ces livres*.　→ Tu *me les* donnes.　→ Donne-*les-moi*.

Tu *me* donnes *des livres*.　→ Tu *m'en* donnes.　→ Donne-*m'en*.

Tu donnes ces livres à Pierre.　→ Tu *les lui* donnes.　→ Donne-*les-lui*.

Tu donnes des livres à Pierre.　→ Tu *lui en* donnes.　→ Donne-*lui-en*.

Exercices

● 適切な疑問代名詞を書き入れましょう。

1. ______________ habite à Biscarrosse ? – C'est Sylvie.
2. ______________ est le plus important pour toi ? – C'est l'amour !
3. ______________ est-ce, cette dame ? – C'est madame Sengès.
4. ______________ c'est ? – Ce sont des cannelés.
5. ______________ tu aimes ? – J'aime Maria.
6. ______________ faites-vous dans la vie ? – Je suis agent de police.
7. ______________ tu travailles si dur ? – C'est pour moi-même.
8. C'est en ______________ ? – C'est en soie.

● 過去分詞の性数一致を行いましょう。

1. Ils sont parti_____ pour les États-Unis.
2. Elles se sont levé_____ tôt ce matin.
3. Voici la montre que j'ai acheté_____ sur Internet.
4. Les fautes d'orthographe ont été corrigé_____ par le professeur.
5. Quels films est-ce que vous avez vu_____ pendant les vacances ?
6. Tu as mangé tous ces gâteaux ? – Oui, je les ai tous mangé_____.

● 下線部を代名詞にして、文を書き換えましょう。

1. Tu me montres *cette photo*. → Tu _____ _____ montres.
2. Tu m'envoies *un mail*. → Tu _____ _____ envoies un.
3. Tu montres *cette photo* *à Pierre*. → Tu _____ _____ montres.
4. Tu envoies *un mail* *à Pierre*. → Tu _____ _____ envoies un.
5. Prête-moi *ton stylo*. → Prête-_____-_____.
6. Prête-moi *un stylo*. → Prête-_____ _____ un.
7. Prête *ton stylo* *à Pierre*. → Prête-_____-_____ .
8. Prête *un stylo* *à Pierre*. → Prête-_____-_____ un.

Ⅳ 半過去の用法

1) 過去のある時点における状態、未完了の行為・動作

Avant il y *avait* un café ici.

À ce moment-là je *dormais* profondément.

2) 習慣・反復

Je *venais* ici chaque matin.

3) 他の出来事との同時性

Je *lisais* le journal quand il m'a téléphoné.

4) 勧誘・願望の表現

Si on *allait* au cinéma ?　Si j'*étais* plus riche !

Ⅴ 場所と時の表現

直接話法 間接話法	ici ここ *là* そこ	hier 昨日 *la veille* 前日	aujourd'hui きょう *ce jour-là* その日	demain 明日 *le lendemain* 翌日

la semaine dernière 先週 *la semaine précédente* 前週	cette semaine 今週 *cette semaine-là* その週	la semaine prochaine 来週 *la semaine suivante* 翌週
le mois dernier 先月 *le mois précédent* 前月	ce mois-ci 今月 *ce mois-là* その月	le mois prochain 来月 *le mois suivant* 翌月
l'année dernière 去年 *l'année précédente* 前年	cette année 今年 *cette année-là* その年	l'année prochaine 来年 *l'année suivante* 翌年

Ⅵ 条件法

1) Si elle venait, je *viendrais* aussi.
Si elle était venue, je serais venu aussi.

2) Je *voudrais* un café, s'il vous plaît.
Tu *devrais* te reposer un peu.
On *dirait* une carafe.

3) Il me disait qu'il *serait* professeur de français.

Ⅶ 接続法

ほとんどの場合、従属節内（que ...）で用いられます。

1) 名詞節中で：

主節に je voudrais que / je ne pense pas que / Il faut que / etc. の表現がある時。

Je voudrais qu'ils *viennent* dîner chez moi.

Je ne pense pas qu'elle *soit* si timide.　Cf. Je pense qu'elle est très timide.

2) 形容詞節中で：

最上級やそれに近い名詞句を修飾する時。

C'est le meilleur restaurant que je *connaisse*.

3) 副詞節中で：

à moins que / avant que / bien que / jusqu'à ce que / pour que / etc. の後で。

Je resterai ici jusqu'à ce qu'il *vienne* me chercher.

Exercices

半過去の活用形を書きましょう。

1. pleuvoir　Quand je suis parti, il ＿＿＿＿＿＿＿.
2. se promener　Je ＿＿＿＿＿＿＿ quand quelqu'un m'a appelé de loin.
3. être/aimer　Quand j'＿＿＿＿＿ petit, j'＿＿＿＿＿ beaucoup les sucreries.
4. se voir　Avant on ＿＿＿＿＿＿＿ souvent.
5. être　Il ＿＿＿＿＿ midi juste quand je me suis réveillé.
6. regarder　Nous ＿＿＿＿＿ la télé quand on a sonné à la porte.
7. faire　Si on ＿＿＿＿＿ du tennis ?
8. avoir　Si j'＿＿＿＿＿ plus de temps libre !

間接話法に書きかえましょう。

1. Elle a dit : « Il fait froid ici. »　→ Elle a dit qu'il ＿＿＿＿＿ froid ＿＿＿＿＿.
2. Elle a dit : « Il fera beau demain. »　→ Elle a dit qu'il ＿＿＿＿＿ beau ＿＿＿＿＿.
3. Elle a dit : « J'ai vu Malo hier. »　→ Elle a dit qu'elle ＿＿＿＿＿ Malo ＿＿＿＿＿.
4. Elle a dit : « Je suis malade aujourd'hui. »
　→ Elle a dit qu'elle ＿＿＿＿＿ malade ＿＿＿＿＿.

条件法の活用形を書き入れましょう。

1. acheter　Si j'avais assez d'argent sur moi, j'＿＿＿＿＿ ce tableau.
2. pouvoir　Si tu étais arrivé un peu tôt, tu ＿＿＿＿＿ attraper le train.
3. faire　Vous ＿＿＿＿＿ mieux de manger davantage.
4. aimer　J'＿＿＿＿＿ bien la revoir.
5. prendre　Elle m'a dit qu'elle ＿＿＿＿＿ le TGV de midi.
6. arriver　Elle m'a dit qu'elle ＿＿＿＿＿ un peu avant moi. [過去]

接続法の活用形を書きましょう。

1. avoir　Il faut que tu ＿＿＿＿＿ plus de courage.
2. passer　Je souhaite que vous ＿＿＿＿＿ de bonnes vacances.
3. venir　Pensez-vous qu'elle ＿＿＿＿＿ à la soirée ?
4. revenir　Je voudrais que tu ＿＿＿＿＿ me voir le plus tôt possible.
5. être　Bien qu'elle ＿＿＿＿＿ un peu méchante, je l'aime quand même.
6. pleuvoir　Je partirai avant qu'il ne ＿＿＿＿＿.
7. pouvoir　Expliquez plus clairement pour que nous ＿＿＿＿＿ comprendre.
8. goûter　Ce sont les meilleures figues que j'＿＿＿＿＿ jamais ＿＿＿＿＿.

1. Les saisons 季節

(au) printemps / (en) été
(en) automne / (en) hiver

2. Les mois de l’année 月

janvier | février | mars | avril
mai | juin | juillet | août
septembre | octobre | novembre | décembre

3. Les jours de la semaine 曜日

lundi | mardi | mercredi | jeudi | vendredi
samedi | dimanche

4. L’heure 時間

5. La monnaie お金

6. Les nombres 数字

0 zéro	10 dix	20 vingt	30 trente	40 quarante	50 cinquante	60 soixante	70 soixante-dix	80 quatre-vingts	90 quatre-vingt-dix	100 cent
1 un / une	11 onze	21 vingt et un	31 trente et un	41 quarante et un	51 cinquante et un	61 soixante et un	71 soixante et onze	81 quatre-vingt-un	91 quatre-vingt-onze	101 cent un
2 deux	12 douze	22 vingt-deux	32 trente-deux	42 quarante-deux	52 cinquante-deux	62 soixante-deux	72 soixante-douze	82 quatre-vingt-deux	92 quatre-vingt-douze	102 cent deux
3 trois	13 treize	23 vingt-trois	33 trente-trois	43 quarante-trois	53 cinquante-trois	63 soixante-trois	73 soixante-treize	83 quatre-vingt-trois	93 quatre-vingt-treize	...
4 quatre	14 quatorze	24 vingt-quatre	34 trente-quatre	44 quarante-quatre	54 cinquante-quatre	64 soixante-quatre	74 soixante-quatorze	84 quatre-vingt-quatre	94 quatre-vingt-quatorze	200 deux cents
5 cinq	15 quinze	25 vingt-cinq	35 trente-cinq	45 quarante-cinq	55 cinquante-cinq	65 soixante-cinq	75 soixante-quinze	85 quatre-vingt-cinq	95 quatre-vingt-quinze	...
6 six	16 seize	26 vingt-six	36 trente-six	46 quarante-six	56 cinquante-six	66 soixante-six	76 soixante-seize	86 quatre-vingt-six	96 quatre-vingt-seize	1 000 mille
7 sept	17 dix-sept	27 vingt-sept	37 trente-sept	47 quarante-sept	57 cinquante-sept	67 soixante-sept	77 soixante-dix-sept	87 quatre-vingt-sept	97 quatre-vingt-dix-sept	10 000 dix mille
8 huit	18 dix-huit	28 vingt-huit	38 trente-huit	48 quarante-huit	58 cinquante-huit	68 soixante-huit	78 soixante-dix-huit	88 quatre-vingt-huit	98 quatre-vingt-dix-huit	100 000 cent mille
9 neuf	19 dix-neuf	29 vingt-neuf	39 trente-neuf	49 quarante-neuf	59 cinquante-neuf	69 soixante-neuf	79 soixante-dix-neuf	89 quatre-vingt-neuf	99 quatre-vingt-dix-neuf	1 000 000 un million

この教科書に登場する主な動詞の活用（ふつうの -er 動詞 を除く）

1. acheter 買う	
j'	achète
tu	achètes
il/elle	achète
nous	achetons
vous	achetez
ils/elles	achètent
複合過去	j'ai *acheté*
半過去	j'achetais
単純未来	j'achèterai
条件法現在	j'achèterais
接続法	que j'achète

2. aller 行く	
je	vais
tu	vas
il/elle	va
nous	allons
vous	allez
ils/elles	vont
je suis *allé(e)*	
j'	allais
j'	irai
j'	irais
que j'	aille

3. avoir 持っている	
j'	ai
tu	as
il/elle	a
nous	avons
vous	avez
ils/elles	ont
j'ai *eu*	
j'	avais
j'	aurai
j'	aurais
que j'	aie

4. choisir 選ぶ	
je	choisis
tu	choisis
il/elle	choisit
nous	choisissons
vous	choisissez
ils/elles	choisissent
j'ai *choisi*	
je	choisissais
je	choisirai
je	choisirais
que je	choisisse

5. connaître 知っている	
je	connais
tu	connais
il/elle	connaît
nous	connaissons
vous	connaissez
ils/elles	connaissent
j'ai *connu*	
je	connais
je	connaîtrai
je	connaîtrais
que je	connaisse

6. écrire 書く	
j'	écris
tu	écris
il/elle	écrit
nous	écrivons
vous	écrivez
ils/elles	écrivent
j' ai *écrit*	
j'	écrivais
j'	écrirai
j'	écrirais
que j'	écrive

7. envoyer 送る		8. être ～である		9. faire ～する	
j’	envoie	je	suis	je	fais
tu	envoies	tu	es	tu	fais
il/elle	envoie	il/elle	est	il/elle	fait
nous	envoyons	nous	sommes	nous	faisons
vous	envoyez	vous	êtes	vous	faites
ils/elles	envoient	ils/elles	sont	ils/elles	font
j’ai *envoyé*		j’ai *été*		j’ai *fait*	
j’	envoyais	j’	étais	je	faisais
j’	enverrai	je	serai	je	ferai
j’	enverrais	je	serais	je	ferais
que j’	envoie	que je	sois	que je	fasse

10. finir 終える		11. lire 読む		12. mettre 置く	
je	finis	je	lis	je	mets
tu	finis	tu	lis	tu	mets
il/elle	finit	il/elle	lit	il/elle	met
nous	finissons	nous	lisons	nous	mettons
vous	finissez	vous	lisez	vous	mettez
ils/elles	finissent	ils/elles	lisent	ils/elles	mettent
j’ ai *fini*		j’ai *lu*		j’ai *mis*	
je	finissais	je	lisais	je	mettais
je	finirai	je	lirai	je	mettrai
je	finirais	je	lirais	je	mettrais
que je	finisse	que je	lise	que je	mette

13. partir 出発する	
je	pars
tu	pars
il/elle	part
nous	partons
vous	partez
ils/elles	partent
je suis *parti(e)*	
je	partais
je	partirai
je	partirais
que je	parte

14. pouvoir ～できる	
je	peux
tu	peux
il/elle	peut
nous	pouvons
vous	pouvez
ils/elles	peuvent
j'ai *pu*	
je	pouvais
je	pourrai
je	pourrais
que je	puisse

15. prendre とる	
je	prends
tu	prends
il/elle	prend
nous	prenons
vous	prenez
ils/elles	prennent
j'ai *pris*	
je	prenais
je	prendrai
je	prendrais
que je	prenne

16. venir 来る	
je	viens
tu	viens
il/elle	vient
nous	venons
vous	venez
ils/elles	viennent
je suis *venu(e)*	
je	venais
je	viendrai
je	viendrais
que je	vienne

17. voir 見る	
je	vois
tu	vois
il/elle	voit
nous	voyons
vous	voyez
ils/elles	voient
j'ai *vu*	
je	voyais
je	verrai
je	verrais
que je	voie

18. vouloir 欲する	
je	veux
tu	veux
il/elle	veut
nous	voulons
vous	voulez
ils/elles	veulent
j'ai *voulu*	
je	voulais
je	voudrai
je	voudrais
que je	veuille

19. s'appeler ～という名前だ			**20.** se lever 起床する		
je	m'	appelle	je	me	lève
tu	t'	appelles	tu	te	lèves
il/elle	s'	appelle	il/elle	se	lève
nous	nous	appelons	nous	nous	levons
vous	vous	appelez	vous	vous	levez
ils/elles	s'	appellent	ils/elles	se	lèvent
			je me suis *levé(e)*		
			je	me	levais
			je	me	lèverai
			je	me	lèverais
			que je	me	lève

21. se coucher 就寝する			**22.** se laver 自分の身体を洗う		
je	me	couche	je	me	lave
tu	te	couches	tu	te	laves
il/elle	se	couche	il/elle	se	lave
nous	nous	couchons	nous	nous	lavons
vous	vous	couchez	vous	vous	lavez
ils/elles	se	couchent	ils/elles	se	lavent
je me suis *couché(e)*			je me suis *lavé(e)*		
je	me	couchais	je	me	lavais
je	me	coucherai	je	me	laverai
je	me	coucherais	je	me	laverais
que je	me	couche	que je	me	lave

写真クレジット一覧：

JeanLucIchard / Shutterstock.com, RossHelen / Shutterstock.com, kateafter / Shutterstock.com, Eo naya / Shutterstock.com, Sergey Kelin / Shutterstock.com, Mandi Keighran / Shutterstock.com, kateafter / Shutterstock.com, Pack-Shot / Shutterstock.com, MarleneVD / Shutterstock.com

本文イラスト：藤井美智子
角田あかね
竹田朱里
メディアアート
木村襄之

カフェ・フランセ 2

検印省略

© 2020年1月15日　初版発行

著者　フロランス・容子・シュードル
シルヴィ・恵子・サンジェス
加藤豊子
中川高行
柳嶋周

発行者　原雅久

発行所　株式会社 朝日出版社
〒101-0065　東京都千代田区西神田 3-3-5
電話　03-3239-0271/72
振替口座　東京 00140-2-46008
http://www.asahipress.com/
欧友社

乱丁、落丁本はお取り替えいたします。
ISBN978-4-255-35310-4 C1085

Le patrimoine mondial de l'Unesco

⑫ Le Mont-Saint-Michel et sa baie
モン・サン＝ミシェルとその湾

⑬ Le palais et parc de Versailles
ヴェルサイユの宮殿と庭園

⑭ Paris, les
パリのセーヌ河

⑪ La cathédrale de Chartres
シャルトル大聖堂

⑩ Le Val de Loire entre Sully-sur-Loire et Chalonnes
シュリー＝シュル＝ロワールとシャロンヌ間のロワール渓谷

⑨ La juridiction de Saint-Émilion
サン＝テミリオン地域

⑧ La ville fortifiée historique de Carcassonne
歴史的要塞カルカソンヌ

⑦ Le site historiqu
リヨン歴史地区